中华人民共和国
政府信息公开条例

（实用版）

中国法制出版社
CHINA LEGAL PUBLISHING HOUSE

■实用版

编辑说明

运用法律维护权利和利益，是读者选购法律图书的主要目的。法律文本单行本提供最基本的法律依据，但单纯的法律文本中的有些概念、术语，读者不易理解；法律释义类图书有助于读者理解法律的本义，但又过于繁杂、冗长。“实用版”法律图书至今已行销多年，因其实用、易懂的优点，成为广大读者理解、掌握法律的首选工具。

“实用版系列”独具五重使用价值：

1. **专业出版。**中国法制出版社是中央级法律类图书专业出版社，是国家法律、行政法规文本的权威出版机构。

2. **法律文本规范。**法律条文利用了本社法律单行本的资源，与国家法律、行政法规正式版本完全一致，确保条文准确、权威。

3. **条文解读详致。**本书中的【理解与适用】从庞杂的相互关联的法律条文以及全国人大常委会法制工作委员会等对条文的解读中精选、提炼而来；【典型案例指引】来自最高人民法院指导案例、公报、各高级人民法院判决书等，点出适用要点，展示解决法律问题的实例。

4. **附录实用。**书末收录经提炼的法律流程图、诉讼文书、办案常用数据等内容，帮助提高处理法律纠纷的效率。

5. **附赠电子版。**与本分册主题相关、因篇幅所限而未收录的相关文件、“典型案例指引”所涉及的部分重要案例全文，均制作成电子版文件。扫一扫封底“法规编辑部”即可免费获取。

需要说明的是，只有国家正式通过、颁布的法律文本才具有法律效力，书中【条文主旨】、【理解与适用】、【典型案例指引】、【实用附录】等内容，为编者方便读者阅读、理解而编写，仅供参考。

中国法制出版社

《中华人民共和国政府信息公开条例》理解与适用

政府信息，是指行政机关在履行行政管理职能过程中制作或者获取的，以一定形式记录、保存的信息。为了保障公民、法人和其他组织依法获取政府信息，提高政府工作的透明度，促进依法行政，充分发挥政府信息对人民群众生产、生活和经济社会活动的服务作用，2007 年 4 月 5 日国务院公布了《中华人民共和国政府信息公开条例》（以下简称《条例》），自 2008 年 5 月 1 日起施行。《条例》对于推进我国政务公开，保障人民群众依法获取政府信息，促进政府职能转变、建设法治政府，发挥了积极作用。随着改革的深入和社会信息化的快速发展，《条例》在实施过程中遇到一些新情况、新问题，有必要修改完善。

2019 年 4 月 3 日，中华人民共和国国务院令第 711 号公布了新修订的《中华人民共和国政府信息公开条例》，此次对《条例》的修订，坚决贯彻落实了党中央、国务院全面推进政务公开的精神，加大政府信息公开力度，既在公开数量上有所提升，也在公开质量上有所优化；积极回应人民群众对于政府信息公开的需求，体现近年来政府信息公开工作的新进展、新成果，解决实践中遇到的突出问题。

新修订的《条例》共 6 章、56 条，主要包括以下内容：

一、政府信息公开工作应当遵循的基本原则

《条例》第五条规定：“行政机关公开政府信息，应当坚持以公开为常态、不公开为例外，遵循公正、公平、合法、便民的原则。”第六条规定：“行政机关应当及时、准确地公开政府信息。行政机关发现影响或者可能影响社会稳定、扰乱社会和经济管理秩序的虚假或者不完整信息的，应当发布准确的政府信息予以澄清。”

相比之前的公正、公平、便民、及时、准确的政府信息公开工作的基本原则，新修订的《条例》更加明确要以公开为常态，不断扩大主动公开的范围。

二、政府信息公开的范围

首先，《条例》规定了政府信息主动公开的范围。《条例》规定，涉及公众利益调整，需要公众广泛知晓或者参与决策，反映本行政机关职能、机构设置、办理程序等情况，以及其他依照法律、法规、规章和国家有关规定应当主动公开的政府信息，行政机关应当主动予以公开。

其次，《条例》规定了行政机关依申请公开政府信息的范围。《条例》第二十七条规定：“除行政机关主动公开的政府信息外，公民、法人或者其他组织可以向地方各级人民政府、对外以自己名义履行行政管理职能的县级以上人民政府部门（含本条例第十条第二款规定的派出机构、内设机构）申请获取相关政府信息。”

最后，《条例》规定了政府信息公开的保密审查机制。《条例》第十七条规定，行政机关应当建立健全政府信息公开审查机制，明确审查的程序和责任。行政机关应当依照《中华人民共和国保守国家秘密法》以及其他法律、法规和国家有关规定对拟公开的政府信息进行审查。行政机关不能确定政府信息是否可以公开的，应当依照法律、法规和国家有关规定报有关主管部门或者保密行政管理部门确定。

三、政府信息公开的程序

政府信息公开程序是政府信息公开制度的生命和正当性的

外在表现。合理、适当的程序为政府信息公开的实现和相关立法宗旨、目标的达成，提供了理性、有效率、可预期的路径。通过主动公开程序和依申请公开程序，特别是通过系统、明确地规定依申请公开的程序来规范政府信息公开工作，保证政府信息及时、准确地公开。

首先，《条例》规定了政府信息主动公开的程序，如《条例》第二十六条规定了主动公开的期限要求，即主动公开的期限一般为该政府信息形成或者变更之日起20个工作日内，如果法律、法规对政府信息公开的期限另有规定的，则作为例外从其规定处理。

其次，《条例》规定了政府信息依申请公开的程序，主要包括依申请公开的形式及要求，依申请公开的答复方式、答复期限、答复形式等问题。

四、政府信息公开的监督和保障

首先，《条例》规定了政府信息公开工作的监督制度。监督制度主要包括考核、评议制度，监督检查制度，年度报告制度以及投诉、举报制度等。

其次，《条例》规定了政府信息公开的救济制度。根据《条例》第五十一条规定，公民、法人或者其他组织认为行政机关在政府信息公开工作中侵犯其合法权益的，可以依法申请行政复议或者提起行政诉讼。

最后，《条例》规定了违反该条例所应承担的法律责任。对于第五十二条规定的“违反本条例的规定，未建立健全政府信息公开有关制度、机制的”，一般情况下责令行政机关改正，情节严重的，对负有责任的领导人员和直接责任人员依法给予相应的处分；而对于第五十三条规定的三种情形，情节较轻的，责令行政机关改正，若情节严重，对负有责任的领导人员和直接责任人员给予相应的处分，构成犯罪的，要依法追究其刑事责任。

目 录

中华人民共和国政府信息公开条例

中华人民共和国政府信息公开条例

（2007 年 4 月 5 日中华人民共和国国务院令第 492 号公布　2019 年 4 月 3 日中华人民共和国国务院令第 711 号修订）

第一章　总　　则

第一条　立法目的[①]

为了保障公民、法人和其他组织依法获取政府信息，提高政府工作的透明度，建设法治政府，充分发挥政府信息对人民群众生产、生活和经济社会活动的服务作用，制定本条例。

▶理解与适用

政府信息公开体现了政府的依法行政、服务行政理念。首先，公开政府信息，是对我国公民知情权的保障。只有知悉了政府信息，才能更好地保障公民的参与权、监督权等其他权利。其次，公开政府信息，能够提高政府工作的透明度，建设法治政府。最后，公开政府信息，更有利于发挥现代政府对人民群众生产、生活和经济社会活动的服务作用。

第二条　政府信息的定义

本条例所称政府信息，是指行政机关在履行行政管理职能过程中制作或者获取的，以一定形式记录、保存的信息。

---

① 条文主旨为编者所加，下同。

▶**理解与适用**

［构成政府信息的要素］

第一，政府信息的持有主体为行政机关。这里的行政机关是广义的，包括狭义的行政机关和法律法规授权组织。值得注意的是，对于被授权组织而言，其除了根据授权实施行政管理活动之外，还有其自身的业务活动，而只有依授权实施行政管理活动过程中所形成的信息才属于政府信息，其开展自身业务时所形成的信息则不属于这里所定义的政府信息。

第二，政府信息为履行行政管理职能过程中制作或者获取的。首先，对“行政机关在履行行政管理职能过程中”的理解。行政机关对外履行行政管理职能所制作或者获取的信息，当然属于政府信息。但行政机关履行内部管理职能所产生的信息是否属于政府信息呢？行政机关履行内部管理职能尽管没有对外行使公权力并发生法律效力，但其仍然是公共资金运转的结果，同样需要接受社会公众的监督。因此，行政机关因履行对内管理职能而产生的信息，除了归属于公务员个人并且与其职位无关的信息以及需要保密的信息之外，都在公开之列。其次，对“制作或者获取”的理解。政府在履行职能的过程中，无疑会产生和面对纷繁复杂的各种信息，但是对于这些信息，行政机关并非都有制作或者获取的必要。应当认为，只有那些对于与政府履行职能直接相关的信息，行政机关才有制作或者获取的必要。这里的“制作或者获取”既包括其自身制作的信息，也包括其获取的其他主体制作但与政府职能的履行密切相关的信息。

第三，政府信息是以一定形式记录、保存的信息。政府信息必须通过有形载体加以记录、保存。这些载体既可以是纸质文件，也可以是胶卷、磁带、磁盘以及其他存储介质，而没有以一定载体形式存在的口头消息、社会传闻等不属于政府信息，行政机关对此没有公开的义务。

▶**典型案例指引**

1. 余某某诉海南省三亚市国土环境资源局案（2014 年 9 月 13 日最高人民法院公布全国法院政府信息公开十大案例）

案件适用要点：本案的典型意义表现在三个方面：第一，对外获取的信息也是政府信息。本案涉及两类信息，一是行政机关获取的企业环境信息；二是行政机关制作的具有内部特征的信息。关于前者，根据《政府信息公开条例》的规定，政府信息不仅包括行政机关制作的信息，同样包括行政机关从公民、法人或者其他组织获取的信息。因此，本案中行政机关在履行职责过程中获取的企业环境信息同样属于政府信息。关于后者，本案行政机关决定不予公开的 23 号函和 50 号函，虽然文件形式表现为内部报告，但实质仍是行政管理职能的延伸，不属于内部管理信息。第二，例外法定。政府信息不公开是例外，例外情形应由法律法规明确规定。本案判决强调，凡属于政府信息的，如不存在法定不予公开的事由，均应予以公开。被告未能证明申请公开的信息存在法定不予公开的情形，简单以政府内部信息和企业环境信息为由答复不予公开，属于适用法律错误。第三，行政机关先行判断。考虑到行政机关获取的企业环境信息可能存在涉及第三方商业秘密的情形，应当首先由行政机关在行政程序中作出判断，法院并未越俎代庖直接判决公开，而是责令行政机关重新作出是否公开的答复，体现了对行政机关首次判断权的尊重。

2. 罗某某诉重庆市彭水苗族土家族自治县地方海事处政府信息公开案（最高人民法院指导案例 101 号）

案件适用要点：在政府信息公开案件中，被告以政府信息不存在为由答复原告的，人民法院应审查被告是否已经尽到充分合理的查找、检索义务。原告提交了该政府信息系由被告制作或者保存的相关线索等初步证据后，若被告不能提供相反证据，并举证证明已尽到充分合理的查找、检索义务的，人民法院不予支持被告有关政府信息不存在的主张。

▶条文参见

《中华人民共和国交通运输部施行〈政府信息公开条例〉办法》第2、3条

第三条 组织领导机关和主管部门

各级人民政府应当加强对政府信息公开工作的组织领导。

国务院办公厅是全国政府信息公开工作的主管部门，负责推进、指导、协调、监督全国的政府信息公开工作。

县级以上地方人民政府办公厅（室）是本行政区域的政府信息公开工作主管部门，负责推进、指导、协调、监督本行政区域的政府信息公开工作。

实行垂直领导的部门的办公厅（室）主管本系统的政府信息公开工作。

▶理解与适用

本条是关于政府信息公开管理体制的规定。本条所确立的我国政府信息公开管理体制的基本格局是，各级政府全面负责，各级政府办公厅（室）和垂直管理的国务院部门办公厅（室）具体主管，条块结合、以块为主、上下协同。根据本条第三款、第四款的规定，尽管主管政府信息公开的是地方人民政府办公厅（室），但是其主管范围却并不局限于本级政府的各部门、机构等下属单位，而是覆盖其所在的行政区域。因此，无论是实行中央垂直领导的海关、国税、金融、外汇管理部门，还是实行省级以下垂直领导的地税、工商、质量技术监督、药品监督、国土资源管理等部门，在推行政府信息公开方面，都必须服从属地政府信息公开工作主管部门的指导、协调和监督。

▶条文参见

《中华人民共和国突发事件应对法》第60条；《国务院办公厅关于施行〈中华人民共和国政府信息公开条例〉若干问题的意见》一；《中华人民共和国交通运输部施行〈政府信息公

开条例〉办法》第5条

第四条 工作机构和具体职能

各级人民政府及县级以上人民政府部门应当建立健全本行政机关的政府信息公开工作制度，并指定机构（以下统称政府信息公开工作机构）负责本行政机关政府信息公开的日常工作。

政府信息公开工作机构的具体职能是：

（一）办理本行政机关的政府信息公开事宜；

（二）维护和更新本行政机关公开的政府信息；

（三）组织编制本行政机关的政府信息公开指南、政府信息公开目录和政府信息公开工作年度报告；

（四）组织开展对拟公开政府信息的审查；

（五）本行政机关规定的与政府信息公开有关的其他职能。

▶理解与适用

本条是关于政府信息公开工作机构的规定，规定了三方面的内容，一是要求各行政机关建立健全政府信息公开工作制度，二是要求各行政机关指定政府信息公开工作机构，三是规定了政府信息公开工作机构的五项法定职能。

一、建立健全政府信息公开工作制度

各行政机关应当建立健全的政府信息公开工作制度，是适用于本机关自身的工作制度，具体是指本条例第四十五条规定的“建立健全政府信息公开申请登记、审核、办理、答复、归档的工作制度”。

二、指定政府信息公开工作机构

各行政机关应当指定本机关内设机构作为政府信息公开工作机构，当然，也可以单独设置专门的政府信息公开工作机构。

本条没有统一要求单独设置专门的政府信息公开工作机构，

而是由各行政机关根据自身实际情况灵活确定。各行政机关法定职能不同，相应的，政府信息公开工作任务也不同。有的行政机关受社会关注度高，政府信息公开工作压力大、任务重、情况复杂，这就需要单独设置专门的政府信息公开工作机构。有的行政机关的受关注度则不那么高，政府信息公开工作任务相对并不繁重，这就没必要单独设置专门的政府信息公开工作机构，由职能相近的内设机构充任政府信息公开工作机构，是完全可以的，也是实事求是的。

三、政府信息公开工作机构的法定职能

一是办理本行政机关的政府信息公开事宜，主要是按要求主动公开法定的政府信息，办理本行政机关收到的政府信息公开申请，起草本行政机关的政府信息公开工作制度，等等。

二是维护和更新本行政机关公开的政府信息。政府信息公开工作机构，实际上也是政府信息管理工作机构，不仅要加强对已公开政府信息的管理，也要加强对本行政机关所有政府信息的管理。只有加强管理，政府信息公开工作才能顺利开展，已经公开的政府信息才能更好地发挥应有作用。特别是在信息化技术快速发展的时代，政府信息的管理工作越来越重要。

三是组织编制本行政机关的政府信息公开指南、政府信息公开目录和政府信息公开工作年度报告。这是很重要的工作职能，特别是在新的制度和现实环境下，其重要性日益凸显。比如，新修订的政府信息公开条例对于政府信息公开指南的重要作用更加重视，编制好政府信息公开指南，能够从源头上便利并规范政府信息公开申请行为，减少不必要的程序性争议。再如，随着政府信息越来越多，公开手段越来越丰富，政府信息公开的规范性越来越受重视，这种情况下，政府信息公开目录的作用就越来越重要了。还如，新修订的政府信息公开条例对政府信息公开工作年度报告制度作了重大调整，年度报告在反映情况、提示问题、报告工作、接受监督等方面的作用越来越大，编制年度报告的工作难度随之增加，但其工作价值也越来越大。

四是组织开展对拟公开政府信息的审查。特定政府信息是否公开、何时公开、以什么方式公开，除法定要求外，还需要全面审慎考量。因此，无论是主动公开，还是依申请公开，对拟公开的政府信息进行审查，都是必要的。

五是本行政机关规定的与政府信息公开有关的其他职能，这由各行政机关根据实际情况具体确定。

需要指出的是，由于政府信息公开工作机构是各行政机关根据具体情况确定的，不一定都是专门机构，因此，其可能同时承担其他职能，如电子政务、信息报送等。这种情况下，要注意不能把政府信息公开工作机构承担的其他职能，混同于政府信息公开工作机构法定职能，从而把政府信息公开工作泛化。

▶条文参见

本条例第 45 条；《中华人民共和国交通运输部施行〈政府信息公开条例〉办法》第 6 条

第五条 以公开为常态、不公开为例外原则　公正、公平、便民原则

行政机关公开政府信息，应当坚持以公开为常态、不公开为例外，遵循公正、公平、合法、便民的原则。

▶理解与适用

［公开为常态、不公开为例外］

政府信息公开总原则，是“以公开为常态、不公开为例外”。这一总原则，是依照党的十八届四中全会作出的《中共中央关于全面推进依法治国若干重大问题的决定》而确定的。“以公开为常态、不公开为例外”是一个统一体，“以公开为常态”是目标、是价值取向，“不公开为例外”是前提、是矛盾的另一面。如果片面地强调“以公开为常态”，缺了“不公开”这个例外，“公开”也难以真正成为常态。

[公正、公平、便民的要求]

公正原则要求行政机关在政府信息公开工作中能够做到不偏私、不歧视，符合法律正义的标准并且以正当的目的行使公共权力。

公平原则要求行政机关在政府信息公开工作中充分保障每个公民、法人和其他组织都能够平等地获得政府信息，防止某些群体或者某些社会成员以双重或者多重标准来满足私利，从而损害其他群体或者其他社会成员的利益。

便民原则要求行政机关在政府信息公开工作中严格遵守法定程序，积极履行法定职责，不断提高办事效率，方便公民、法人和其他组织依法获取政府信息，减少公民、法人和其他组织的物质成本和时间成本。

▶条文参见

《中共中央关于全面推进依法治国若干重大问题的决定》；《中华人民共和国交通运输部施行〈政府信息公开条例〉办法》第4条

第六条 及时、准确原则

行政机关应当及时、准确地公开政府信息。

行政机关发现影响或者可能影响社会稳定、扰乱社会和经济管理秩序的虚假或者不完整信息的，应当发布准确的政府信息予以澄清。

▶理解与适用

本条规定了两项特别要求，一是及时、准确地公开政府信息的要求，二是澄清发布的要求。

1. 关于及时、准确地公开政府信息的要求

及时性是对政府信息公开工作时间上的要求。现代社会瞬息万变，获得过时的信息就等于没有获得信息。因此，能否及时获得信息对于每一个社会个体而言都具有重要意义。本条要

求行政机关必须及时公布政府信息，使政府信息尽可能在“有效期”之内对社会成员的生产生活发挥作用。

准确性是对政府信息公开工作内容上的要求。准确性要求行政机关不得公布虚假信息，尽量避免公开错误信息。

2. 关于澄清发布的要求

行政机关发现影响或者可能影响社会稳定、扰乱社会管理秩序的虚假或者不完整信息的，应当发布准确的政府信息予以澄清。要用记载在政府信息之中的客观事实加以回应和澄清，避免过多使用主观性的观点、论点等，更不允许罔顾事实甚至捏造事实来回应。

▶条文参见

《国务院关于全面加强应急管理工作的意见》；《中华人民共和国突发事件应对法》第 7 条；《中华人民共和国传染病防治法》第 57 条；《中华人民共和国交通运输部施行〈政府信息公开条例〉办法》第 4、7 条

第七条 倡导深化政府信息公开

各级人民政府应当积极推进政府信息公开工作，逐步增加政府信息公开的内容。

▶理解与适用

本条是关于倡导深化政府信息公开的规定。我国政府信息公开制度建立以来，行政机关从原来的不适应到逐步基本适应，工作规范化程度得到了很大提升，但是由于政府行政工作本身的性质决定了其信息的广泛性，贸然扩大公开范围会导致承受能力的被动，采取渐进式的扩大公开内容适合我国行政工作现阶段的实际情况，条例对此作出规定也明确了政府信息公开制度下一步的发展方向。

第八条 加强信息化手段运用

各级人民政府应当加强政府信息资源的规范化、标准化、信息化管理，加强互联网政府信息公开平台建设，推进政府信息公开平台与政务服务平台融合，提高政府信息公开在线办理水平。

▶理解与适用

本条是在政府信息公开工作中加强信息化手段运用的规定。

信息化，是当下发展最为迅速、应用前景最为广阔、对经济社会生活影响最大的新技术之一，代表着新的生产力和新的发展方向。无论哪个领域、哪项工作，善用之则强，不善用则罔。中央提出，“要运用信息化手段推进政务公开、党务公开”，就是要求在政务公开工作中运用好信息化这个新的技术手段和技术工具，更好推进工作。

信息化手段用途广泛。本条对于信息化手段在政府信息公开工作中的运用，规定了明确的用途，就是运用信息化手段，加强政府信息的管理，并在良好管理的基础上，进一步提升政府信息公开工作的质量和效率。这是信息化对于政府信息公开的最关键、最核心的意义。

▶条文参见

《公共信息资源开放试点工作方案》

第九条 监督、批评、建议

公民、法人和其他组织有权对行政机关的政府信息公开工作进行监督，并提出批评和建议。

▶理解与适用

本条是关于行政机关主动接受监督的规定。

《中华人民共和国宪法》第四十一条规定：“中华人民共和

国公民对于任何国家机关和国家工作人员，有提出批评和建议的权利；对于任何国家机关和国家工作人员的违法失职行为，有向有关国家机关提出申诉、控告或者检举的权利，但是不得捏造或者歪曲事实进行诬告陷害。对于公民的申诉、控告或者检举，有关国家机关必须查清事实，负责处理。任何人不得压制和打击报复。由于国家机关和国家工作人员侵犯公民权利而受到损失的人，有依照法律规定取得赔偿的权利。”根据宪法，中华人民共和国公民有权对行政机关的一切工作提出批评和建议。政府信息公开工作作为行政机关的一项重要工作，当然也应当诚恳接受批评、虚心听取建议。

▶条文参见

《中华人民共和国宪法》第41条

第二章　公开的主体和范围

第十条　公开主体

行政机关制作的政府信息，由制作该政府信息的行政机关负责公开。行政机关从公民、法人和其他组织获取的政府信息，由保存该政府信息的行政机关负责公开；行政机关获取的其他行政机关的政府信息，由制作或者最初获取该政府信息的行政机关负责公开。法律、法规对政府信息公开的权限另有规定的，从其规定。

行政机关设立的派出机构、内设机构依照法律、法规对外以自己名义履行行政管理职能的，可以由该派出机构、内设机构负责与所履行行政管理职能有关的政府信息公开工作。

两个以上行政机关共同制作的政府信息，由牵头制作的行政机关负责公开。

▶理解与适用

本条是关于政府信息公开权限及责任划分的一般性规定。

政府信息可以分为行政机关自己制作的政府信息、行政机关从公民、法人或者其他组织获取的政府信息以及行政机关从其他行政机关获取的政府信息。不同类型的政府信息，公开主体也应当不同。因此，本条明确规定，行政机关制作的政府信息，由制作该政府信息的行政机关负责公开；行政机关从公民、法人或者其他组织获取的政府信息，由保存该政府信息的行政机关负责公开；行政机关获取的其他行政机关的政府信息，由制作或者最初获取该政府信息的行政机关负责公开。这是政府信息公开主体的一般规定，通常概括为“谁制作谁公开，谁保存谁公开”的公开原则。

本条第二款是基于特定现实情况所作的特别规定，涉及法律主体资格和法律法规授权的问题。一般而言，行政管理职能应当由行政机关承担。同时，法律、法规可以授权非行政机关履行行政管理职能，这种非行政机关，法律上称之为“法律、法规授权的组织”。政府信息公开条例第五十四条规定的就是这类组织。这类组织在法律、法规授权范围内实施的行为，与行政机关的行为是一样的。从政府信息公开工作的角度来看，由任何一个内设机构“负责政府信息公开工作”都是可以的，因为政府信息公开条例第四条已经规定，行政机关可以“指定”机构作为本机关的政府信息公开工作机构，负责本行政机关的政府信息公开工作。

在特殊情况下，政府信息公开的主体依据法律、法规的规定确定。本条例关于政府信息公开主体的规定属于一般规定，如果其他法律、法规对某类政府信息的公开主体作出了与此不同的规定，则属于特殊规定，按照“特别法优于一般法”的原则，应当按照其他法律、法规的规定确定政府信息的公开主体。这些特殊规定针对的是特定的政府信息，比如，突发公共安全事件信息。由于这些政府信息一旦公开将会造成重大影响，法律、法规明确规定只有特定主体才能公开。那么，不论行政机关自己制作还是从他人那里获取的这类政府信息，都应当按照特殊规定办理公开事宜。

▶典型案例指引

1. 徐某某与上海市黄浦区住房保障和房屋管理局政府信息公开决定纠纷上诉案（上海市第二中级人民法院行政判决书〔2009〕沪二中行终字第217号）

案件适用要点：《政府信息公开条例》第十七条[①]对行政机关公开政府信息的职责权限范围作出了明确划分。根据本条规定，按照政府信息来源的不同，负有公开义务的行政机关亦有所不同。本案中，上诉人申请公开的建设项目批准文件、建设用地规划许可证及国有土地使用权批准文件均系被上诉人之外的其他行政机关制作，被上诉人答复上诉人应分别向黄浦区发改委、黄浦区规划和土地管理局以及市土地管理部门申请，符合《政府信息公开条例》第十七条的规定。

2. 孔某某与上海市城乡建设和交通委员会政府信息公开申请纠纷上诉案（上海市第二中级人民法院行政判决书〔2009〕沪二中行终字第254号）

案件适用要点：上海市市政工程管理处经房屋拆迁管理部门批准，作为“某通道改建工程（北段）”项目建设的拆迁人，独立实施房屋拆迁工作，并非受原市政工程局委托进行拆迁。上诉人认为原市政工程局是对涉及上海市市政工程管理处的政府信息予以公开的义务机关，缺乏法律依据。根据《上海市城

---

① 本条涉及的条文对应《中华人民共和国政府信息公开条例》（2019年修订）第十条。

市房屋拆迁管理实施细则》第六条之规定，本市区、县房屋土地管理部门对本行政区域内的房屋拆迁工作实施监督管理。原市政工程局不是房屋拆迁管理部门，不具有对房屋拆迁补偿安置资金的发放、使用情况进行监督管理的法定职权。由于上诉人申请公开的政府信息不属于原市政工程局的职责范围，故被上诉人作为原市政工程局行政管理职能的承继机关，答复上诉人其要求获取的政府信息不属于本机关公开职责权限范围，符合相关法律规定。

▶条文参见

本条例第4、54条；《中华人民共和国农产品质量安全法》第45条；《中华人民共和国传染病防治法》第57条；《重大动物疫情应急条例》第19、20条；《中华人民共和国交通运输部施行〈政府信息公开条例〉办法》第16条

第十一条 协调机制

行政机关应当建立健全政府信息公开协调机制。行政机关公开政府信息涉及其他机关的，应当与有关机关协商、确认，保证行政机关公开的政府信息准确一致。

行政机关公开政府信息依照法律、行政法规和国家有关规定需要批准的，经批准予以公开。

▶理解与适用

本条应当与《中华人民共和国保守国家秘密法》的相关规定结合来理解适用，发布政府信息的前提之一是不得泄露国家秘密。行政机关之间，在日常工作中存在大量分工协作的情形，也涉及各个方面。由此，必然产生相应的涉及其他机关的政府信息。为了确保所公开的政府信息准确一致，提高政府信息公开工作的质量，行政机关应当加强工作协商、协调，并形成工作机制。对于依照法律、行政法规和国家有关规定需要批准后才能对

外发布的信息，应当履行相应的报批手续，经批准后予以公开。

▶条文参见

《中华人民共和国保守国家秘密法》；《国务院关于全面加强应急管理工作的意见》；《国务院办公厅关于施行〈中华人民共和国政府信息公开条例〉若干问题的意见》二；《地质灾害防治条例》第11条

第十二条 公开指南和目录

行政机关编制、公布的政府信息公开指南和政府信息公开目录应当及时更新。

政府信息公开指南包括政府信息的分类、编排体系、获取方式和政府信息公开工作机构的名称、办公地址、办公时间、联系电话、传真号码、互联网联系方式等内容。

政府信息公开目录包括政府信息的索引、名称、内容概述、生成日期等内容。

▶理解与适用

本条是关于政府信息公开指南和政府信息公开目录编制要求的规定。

第一款规定了及时更新的要求。这里所要求的及时，是指在内容发生变动时的及时，而不是机械要求必须定期更新。

第二款规定了政府信息公开指南的内容要求。政府信息公开指南，在政府信息公开制度及其实践中，有着不可替代的重要作用。顾名思义，政府信息公开指南，是用来帮助人们更好地行使政府信息公开条例所赋予权利的指引，是将政府信息公开条例落实到具体行政机关的桥梁和纽带。在一个成熟的政府信息公开环境中，人们在向特定行政机关申请获取政府信息之前，应当首先阅读该行政机关的政府信息公开指南，以便更好地申请并获取相关政府信息；行政机关在开展政府信息公开工作时，应当首先通过政府信息公开指南，将本机关职能职责、持有信息情况、向本机关申请政府信息公开的条件和渠道、注意事项、咨询方式等内容，详细对外披露并及时更新，既方便公众，也能够减少不必要的程序性争议。2017 年 7 月 5 日，针对政府信息公开申请接收渠道不规范问题，国务院办公厅政府信息与政务公开办公室出台了《关于政府信息公开申请接收渠道问题的解释》（国办公开办函〔2017〕19 号），其核心内容是，除当面提交和邮政寄送这两种基本渠道外，其他申请接收渠道，以各行政机关在政府信息公开指南中对外公告为准。行政机关在对外公告的申请接收渠道范围内承担法律责任，申请人不按照行政机关政府信息公开指南公告渠道提交申请的，不能对行政机关产生约束。

第三款规定了政府信息公开目录的内容要求。新修订的政府信息公开条例，保留了原有的关于政府信息公开目录的规定，主要是考虑到政府信息公开目录确实有便民的一面，同时也有保持立法延续性的考虑。在具体落实这一规定时，要深入理解和把握制度背景，同时加强探索创新，努力编制出符合法定要求、满足公众需要的政府信息公开目录。

▶条文参见

《国务院办公厅政府信息与政务公开办公室关于政府信息公开申请接收渠道问题的解释》；《中华人民共和国交通运输部施行〈政府信息公开条例〉办法》第 18、19 条

第十三条 公开方式

除本条例第十四条、第十五条、第十六条规定的政府信息外，政府信息应当公开。

行政机关公开政府信息，采取主动公开和依申请公开的方式。

第十四条 公开豁免情形

依法确定为国家秘密的政府信息，法律、行政法规禁止公开的政府信息，以及公开后可能危及国家安全、公共安全、经济安全、社会稳定的政府信息，不予公开。

▶理解与适用

本条是关于国家秘密等豁免情形的决定。

1. 依法确定为国家秘密的政府信息

《中华人民共和国保守国家秘密法》第二条规定："国家秘密是关系国家安全和利益，依照法定程序确定，在一定时间内只限一定范围的人员知悉的事项。"因此，若被确定为国家秘密的政府信息，是不能公开的。同时，《中华人民共和国保守国家秘密法》第四条第二款规定："法律、行政法规规定公开的事项，应当依法公开。"也即，对于不属于国家秘密的而应当公开的政府信息，不能以属于国家秘密为由不予公开。

2. 法律、行政法规禁止公开的政府信息

一是在法律位阶方面，本条款仅限于法律和行政法规，不包括地方性法规、规章及以下的法律文件，也就是说，即便地方性法规或者地方政府规章、部门规章等禁止特定信息的公开，也不构成豁免。二是所禁止公开的信息，内容必须具体明确，过于原则笼统、不能对应到具体信息的禁止，一般不能适用这一豁免条款，必要时，主管部门可以发布一个清单，详细列明具体的法律和行政法规相关规定。

3. 危及国家安全、公共安全、经济安全、社会稳定的政府信息

(1) 国家安全。需要注意的是，涉及国家安全的豁免情形，主要适用于中央层面的行政机关，这是由行政机关职权所决定的。根据《中华人民共和国国家安全法》第二条的规定，"国家安全是指国家政权、主权、统一和领土完整、人民福祉、

经济社会可持续发展和国家其他重大利益相对处于没有危险和不受内外威胁的状态，以及保障持续安全状态的能力”。根据这一规定，公开后可能对国家政权、主权、统一和领土完整、人民福祉、经济社会可持续发展和国家其他重大利益造成损害后果的，就构成涉及国家安全的豁免情形。

(2) 公共安全和社会稳定。特定信息公开后究竟会对公共安全和社会稳定产生何种影响，在信息真正公开前，只能是一种预测和估计。这就存在一定的不确定性，这种不确定性，是豁免条款不可避免的固有特性，在适用公共安全和社会稳定条款时，可以考虑引入必要的程序控制，即，行政机关认为特定信息公开后可能对公共安全和社会稳定造成不利影响的，应当将这一问题提交给同级政府研究决定，同级政府经研究后确认的，可以适用公共安全和社会稳定条款。

(3) 经济安全。涉及经济安全的，主要是承担财政、金融、货币等宏观经济金融货币管理职责的行政机关，一般不包括其他行政机关。特定政府信息的公开是否会危及经济安全，是一种基于未来可能发生的不良后果的预测和估计，考虑到宏观经济金融货币领域的专业性、敏感性，对这一条款的适用，主要依赖于相关行政机关的专业判断。

根据《最高人民法院关于审理政府信息公开行政案件适用法律若干问题的解释》第六条，被告主张原告申请公开的信息系国家秘密不予公开，并提供密级标识、保密期限或者其他证明材料的，人民法院应予支持。被告主张原告申请公开的政府信息公开后可能危及国家安全、公共安全、社会稳定，并提供该信息公开后可能产生不利影响的证据或者作出合理说明的，人民法院应予支持。人民法院经审理认为政府信息公开后可能危及国家安全、公共安全、社会稳定的，有权要求当事人提供或者补充证据。

▶**典型案例指引**

奚某某诉中华人民共和国公安部案（2014 年 9 月 13 日最高人民法院公布全国法院政府信息公开十大案例）

案件适用要点：本案的焦点集中在追查刑事犯罪中形成的秘密事项的公开问题。根据《政府信息公开条例》第十四条的规定，行政机关不得公开涉及国家秘密的政府信息。保守国家秘密法第九条[①]规定，“维护国家安全活动和追查刑事犯罪中的秘密事项”应当确定为国家秘密。本案中，一审法院认定原告申请公开的文件信息属于秘密事项，应当不予公开，符合前述法律规定。同时，公安机关具有行政机关和刑事司法机关的双重职能，其在履行刑事司法职能时制作的信息不属于《政府信息公开条例》第二条所规定的政府信息。本案二审法院在对公安机关的这两种职能进行区分的基础上，认定公安部作出不予公开答复并无不当，具有示范意义。

▶**条文参见**

《中华人民共和国保守国家秘密法》第 2、4、15、24 条；《中华人民共和国国家安全法》第 2 条；《最高人民法院关于审理政府信息公开行政案件适用法律若干问题的解释》第 6 条

第十五条 第三方合法权益信息豁免

涉及商业秘密、个人隐私等公开会对第三方合法权益造成损害的政府信息，行政机关不得公开。但是，第三方同意公开或者行政机关认为不公开会对公共利益造成重大影响的，予以公开。

① 本条涉及的条文对应《中华人民共和国保守国家秘密法》（2024 年修订）第十三条。

▶**理解与适用**

[涉及商业秘密和个人隐私的政府信息]

对于属于涉及商业秘密和个人隐私的政府信息，如果公开会对第三方合法权益造成损害，行政机关不得公开。但是，涉及商业秘密和个人隐私的政府信息并非绝对不公开，它们受到两个条件的限制：一是经权利人同意公开的；二是行政机关认为不公开可能对公共利益造成重大影响的。

《最高人民法院关于审理政府信息公开行政案件适用法律若干问题的解释》第十三条规定，政府信息尚未公开前，原告起诉要求被告不得公开政府信息的，人民法院经审理认为政府信息涉及原告商业秘密、个人隐私且不存在不公开会对公共利益造成重大影响的，应当判决被告不得公开政府信息。诉讼期间，原告申请停止公开涉及其商业秘密、个人隐私的政府信息，人民法院经审理认为符合行政诉讼法第五十六条规定的，裁定暂时停止公开。

▶**典型案例指引**

杨某某诉山东省肥城市房产管理局案（2014 年 9 月 13 日最高人民法院公布全国法院政府信息公开十大案例）

案件适用要点：本案的焦点问题是享受保障性住房人的申请材料信息是否属于个人隐私而依法免于公开。该问题实质上涉及保障公众知情权与保护公民隐私权两者发生冲突时的处理规则。保障性住房制度是政府为解决低收入家庭的住房问题而运用公共资源实施的一项社会福利制度，直接涉及公共资源和公共利益。在房屋供需存有较大缺口的现状下，某个申请人获得保障性住房，会直接减少可供应房屋的数量，对在其后欲获得保障性住房的轮候申请人而言，意味着机会利益的减损。为发挥制度效用、依法保障公平，利害关系方的知情权与监督权应该受到充分尊重，其公开相关政府信息的请求应当得到支持。因此，在保障性住房的分配过程中，当享受保障性住房人的隐私权直接与竞争权人的知情权、监督权发生冲突时，应根据比例原则，以享受保障性住房人让渡部分个人信息的方式优先保护较大利益的知情权、监督权，相关政府信息的公开不应也不必以权利人的同意为前提。本案二审判决确立的个人隐私与涉及公共利益的知情权相冲突时的处理原则，符合法律规定，具有标杆意义。

▶条文参见

《最高人民法院关于审理政府信息公开行政案件适用法律若干问题的解释》第13条

第十六条 内部事务信息　过程性信息

行政机关的内部事务信息，包括人事管理、后勤管理、内部工作流程等方面的信息，可以不予公开。

行政机关在履行行政管理职能过程中形成的讨论记录、过程稿、磋商信函、请示报告等过程性信息以及行政执法案卷信息，可以不予公开。法律、法规、规章规定上述信息应当公开的，从其规定。

▶理解与适用

［内部事务信息］

内部事务这个概念十分宽泛，很难确切地加以把握，需在立法上将内部事务信息的具体内容作出明确界定。人事管理、后勤管理、内部工作流程三类信息，属于内部事务信息。其他信息，原则上不能纳入这类豁免范围。

［过程性信息］

过程性信息，包括以下四类：一是讨论记录，二是过程稿，三是磋商信函，四是请示报告。除此之外，其他信息一般不属于过程性信息，不能依据这一条豁免公开。行政执法案卷信息，与过程性信息具有高度类似性，因此被并列规定在一起。

第十七条 公开审查机制

行政机关应当建立健全政府信息公开审查机制，明确审查的程序和责任。

行政机关应当依照《中华人民共和国保守国家秘密法》以及其他法律、法规和国家有关规定对拟公开的政府信息进行审查。

行政机关不能确定政府信息是否可以公开的，应当依照法律、法规和国家有关规定报有关主管部门或者保密行政管理部门确定。

▶理解与适用

[涉及国家秘密的审查机制]

根据《保守国家秘密法》的规定，各机关、单位依照规定确定密级、变更密级和解密，应当接受其上级机关和有关保密工作部门的指导和监督。机关、单位对是否属于国家秘密或者属于何种密级不明确或者有争议的，由国家保密行政管理部门或者省、自治区、直辖市保密行政管理部门按照国家保密规定确定。机关、单位执行上级确定的国家秘密事项或者办理其他机关、单位确定的国家秘密事项，需要派生定密的，应当根据所执行、办理的国家秘密事项的密级确定。下级机关、单位认为本机关、本单位产生的有关定密事项属于上级机关、单位的定密权限，应当先行采取保密措施，并立即报请上级机关、单位确定；没有上级机关、单位的，应当立即提请有相应定密权限的业务主管部门或者保密行政管理部门确定。

▶条文参见

《中华人民共和国保守国家秘密法》

第十八条 动态调整机制

行政机关应当建立健全政府信息管理动态调整机制，对本行政机关不予公开的政府信息进行定期评估审查，对因情势变化可以公开的政府信息应当公开。

▶理解与适用

政府信息是否公开的判断，取决于研判时的具体情况。时移则事异，随着具体情况的发展变化，对政府信息是否公开的最终判断，也可能发生变化。在当时曾经拒绝公开的政府信息，随着时间推移，可能可以予以公开，这就需要有一个机制推动公开。这个机制就是政府信息管理动态调整机制。

政府信息管理动态调整机制所要求的“定期”审查评估，具体由各行政机关根据自身实际确定。半年、一年、两年都可以，这方面，既要考虑政府信息本身的内容等因素，也要考虑行政机关政府信息公开申请的数量等因素。

政府信息管理动态调整机制所定期审查评估的对象，以两方面的信息为主。一是在依申请公开工作中拒绝公开的政府信息，二是行政机关新制作的、在制作过程中确定为暂不公开的政府信息。

第三章 主 动 公 开

第十九条 主动公开的范围

对涉及公众利益调整、需要公众广泛知晓或者需要公众参与决策的政府信息，行政机关应当主动公开。

▶理解与适用

主动公开是指对于涉及公共利益调整、需要社会公众广泛知晓或参与决策的事项，各级行政机关应当采取有效形式，在职责范围内，按照规定程序，及时主动地向社会公开。主动公开是政府信息公开的主要方式，也是本条例设定的一项重要制度。实际上，本条规定与《中共中央办公厅、国务院办公厅关于进一步推行政务公开的意见》密切相联，许多内容实际上是该意见内容的法定化。根据本条规定，行政机关对符合下列基本要求之一的政府信息应当主动公开：

第一，涉及公众利益调整的政府信息应当主动公开。政府信息与公众密切相关，包括内容广泛。

第二，需要公众广泛知晓或者参与决策的政府信息应当主动公开。这主要包括两种情形：(1) 因公众知情权保障、行使的需要而主动公开的信息；(2) 为行政立法、决策过程公众参与所需而主动公开的政府信息。

▶条文参见

《中共中央办公厅、国务院办公厅关于进一步推行政务公开的意见》

第二十条　主动公开的重点内容

行政机关应当依照本条例第十九条的规定，主动公开本行政机关的下列政府信息：

（一）行政法规、规章和规范性文件；

（二）机关职能、机构设置、办公地址、办公时间、联系方式、负责人姓名；

（三）国民经济和社会发展规划、专项规划、区域规划及相关政策；

（四）国民经济和社会发展统计信息；

（五）办理行政许可和其他对外管理服务事项的依据、条件、程序以及办理结果；

（六）实施行政处罚、行政强制的依据、条件、程序以及本行政机关认为具有一定社会影响的行政处罚决定；

（七）财政预算、决算信息；

（八）行政事业性收费项目及其依据、标准；

（九）政府集中采购项目的目录、标准及实施情况；

（十）重大建设项目的批准和实施情况；

（十一）扶贫、教育、医疗、社会保障、促进就业等方面的政策、措施及其实施情况；

（十二）突发公共事件的应急预案、预警信息及应对情况；

（十三）环境保护、公共卫生、安全生产、食品药品、产品质量的监督检查情况；

（十四）公务员招考的职位、名额、报考条件等事项以及录用结果；

（十五）法律、法规、规章和国家有关规定规定应当主动公开的其他政府信息。

▶理解与适用

本条是关于法定主动公开内容的规定。

1. 履职依据。具体包含三项内容：一是本机关负责执行的行政法规和地方性法规，二是本机关制定或负责执行的规章，三是本机关制定或负责执行的规范性文件。

2. 机关简介。按照要求，各行政机关应当公开的内容是“机关职能、机构设置、办公地址、办公时间、联系方式、负责人姓名”。其中，机关职能指的是机构编制部门批复的本行政机关工作职责，以及法律法规或者上级机关设定的工作职责；机构设置指的是本行政机关内设机构情况以及各类下属单位的情况；办公地址包括机关本部办公地址，各类下属单位和分支机构的办公地址，如果政务服务大厅、信访窗口等设置在机关本部之外的其他地址的，应当一并列明；办公时间指的是本行政机关正式办公时间，具体办事服务时间与正式办公时间不一致的，应当一并列明；联系方式指的是代表本行政机关对外联系的有效方式，包括电话、传真、电子邮箱等；负责人姓名指的是本行政机关负责人姓名，包括正职、副职以及其他领导成员，负责人基本情况、工作分工等信息，可以包括在这一项目之内。

3. 规划信息。这项信息不是每个行政机关都有，是各级政府的共性信息。这类信息的公开义务主体限于政府和相关职能部门，不是所有的行政机关。

4. 统计信息。与规划信息类似，这项信息也不是每个行政机关都有。

5. 行政许可。这包含两方面的内容，一是行政许可和其他管理服务事项的依据、条件、程序，属于相对固定的规范性内容，二是办理结果，属于动态内容。

6. 行政处罚、行政强制。按照要求，各行政机关应当公开"实施行政处罚、行政强制的依据、条件、程序以及本行政机关认为具有一定社会影响的行政处罚决定"。与行政许可决定原则上一律公开不同，只有那些具有一定社会影响的行政处罚决定才需要公开，至于什么情况下才构成具有一定社会影响，条例没有作出进一步的规定，这并不是立法上的疏忽，而是因为它不适合在条例中作统一规定，而适宜交由行政机关自行判断，各级政府信息公开工作主管部门可以发布相应的指导意见。

7. 预算、决算。按照要求，各行政机关应当公开"财政预算、决算信息"。这里没有对年度提出具体要求，一般以最近五年为标准。财政预算决算信息的具体内容，原则上以各行政机关依法编制并向财政部门或者同级人民代表大会提交的全部财政预算、决算信息为准，一般不应在加工处理后公开。

8. 收费项目。按照要求，各行政机关应当公开"行政事业性收费项目及其依据、标准"，未经公开，行政机关不得收取费用。

9. 政府采购。关于政府集中采购方面的信息公开，有专门的法律加以规范，主管部门也出台了专门的文件。作为条例规定的主动公开内容，各行政机关应当集中统一对外公开的是本单位每年度政府集中采购的项目计划、实际采购物品清单、财务支出等信息，一般以近五年为标准。

10. 重大项目。关于重大建设项目信息公开，有关法律法规有一些规定，国务院办公厅也出台过专门的文件。各行政机关在具体确定这方面的公开内容时，要注意与相关文件加强衔接。关于“重大建设项目”的判断标准，由各行政机关自行把握。

11. 重大民生信息。这项主动公开内容，主要涉及本条第十一项、第十二项和第十三项的内容，这三项信息具体包括哪些内容，从这几个条文本身来看是较为原则的，要根据相应领域出台的法律、法规、规章及规范性文件具体确定。

12. 招考录用。按照要求，各行政机关应当公开“公务员招考的职位、名额、报考条件等事项以及录用结果”，这属于每年度的动态信息，一般以近五年为标准。

13. 其他法定信息。政府信息公开作为新型社会治理手段，在越来越多的法律、法规和规章中被确立使用。特别是新出台或者新修订的法律、法规和规章，几乎都不同程度地包含信息公开的要求。其中，有些是作为行政机关对管理对象的监管要求，有些是作为对行政机关自身的监督要求。不同的行政机关，根据其所负责执行的法律、法规和规章，在这方面的要求也相应有所不同。各行政机关应当自行梳理这方面的要求，逐一对照确定相应的公开内容。

▶条文参见

《中华人民共和国城乡规划法》第 8 条；《行政事业性收费标准管理办法》第 23 条；《中华人民共和国政府采购法》第 7、11、63 条；《中华人民共和国行政许可法》第 5、30 条；《中华人民共和国科学技术进步法》第 102 条；《中华人民共和国节约能源法》第21条；《中华人民共和国就业促进法》第34、35条；《中华人民共和国水污染防治法》第25条；《中华人民共和国固体废物污染环境防治法》第29条；《中华人民共和国水法》第16条；《中华人民共和国农产品质量安全法》第45条；《中华人民共和国交通运输部施行〈政府信息公开条例〉办法》第10条；《国家知识产权局政府信息公开实施办法（修订）》第5条；《救灾捐赠管理办法》第32条

第二十一条 主动公开的补充规定

除本条例第二十条规定的政府信息外，设区的市级、县级人民政府及其部门还应当根据本地方的具体情况，主动公开涉及市政建设、公共服务、公益事业、土地征收、房屋征收、治安管理、社会救助等方面的政府信息；乡（镇）人民政府还应当根据本地方的具体情况，主动公开贯彻落实农业农村政策、农田水利工程建设运营、农村土地承包经营权流转、宅基地使用情况审核、土地征收、房屋征收、筹资筹劳、社会救助等方面的政府信息。

▶理解与适用

法定的主动公开内容，限于最重要、最核心的共性信息。除此之外，行政机关实际上主动公开着比法定要求更多的信息，且行政机关也应该在法定主动公开内容的基础上公开更多的信息，因为法律的功能本身是有限的，作为强制性的法定要求，只能停留在保基本、兜底线的水平上，更高程度的公开，难以通过强制性法定要求的方式达成，还要依靠行政机关的自觉，这种自觉，既可以是行政系统自上而下的推动，也可以是行政机关自身的主动作为。

有鉴于此，本条在第二十条规定的十五项主动公开内容的基础上，结合设区的市、县和乡镇的职责范围、业务特点，要求相应层级的行政机关更多地公开相应的政府信息。

▶条文参见

《中共中央办公厅、国务院办公厅关于进一步推行政务公开的意见》

第二十二条　主动公开内容的不断增加

行政机关应当依照本条例第二十条、第二十一条的规定，确定主动公开政府信息的具体内容，并按照上级行政机关的部署，不断增加主动公开的内容。

▶理解与适用

第二十条规定的主动公开内容，虽然明确具体，但仍然有一个与各行政机关具体实际相结合的问题。第二十一条规定的倡导性公开内容，较为原则具体，就更需要相关行政机关发挥主观能动性，结合自身实际确定公开内容。同时，这一条在前两条的基础上，进一步要求各行政机关按照上级行政机关的部署，不断增加主动公开的内容。这既可以理解为是一种倡导性规定，也可以理解为是对上级行政机关进一步深化公开的授权和赋责。

第二十三条　公开方式

行政机关应当建立健全政府信息发布机制，将主动公开的政府信息通过政府公报、政府网站或者其他互联网政务媒体、新闻发布会以及报刊、广播、电视等途径予以公开。

▶理解与适用

所谓公开方式，即行政主体向社会公众主动传播政府信息的途径和载体，包括政府公报、政府网站、其他互联网政务媒体、新闻发布会以及报刊、广播、电视等。

适用本条时应当注意：

第一，信息传播的载体不同于记录和保存信息的载体。对于某些公开方式来说，记录和保存信息的载体本身就是传播这种信息的载体，如政府公报。但对大多数公开方式来说，两者存在差别。例如，电视是传播政府信息的载体，但记录和保存这些信息的载体却可能是纸张、胶片、录音、录像或者电子数据。

第二，对公开方式的选择，主要从传播的效率考虑，即以最小的成本使政府信息为最多的人群所知晓，某种方式的传播效率越高，对政府信息公开就越有利。

第三，本条规定的仅仅是政府信息主动公开的方式。至于依申请公开的方式，政府信息公开条例并没有通过专门条款规定，而是与依申请公开的程序紧密结合在一起予以规定。

第四，除了政府公报、政府网站、其他互联网政务媒体、新闻发布会以及报刊、广播、电视等媒体外，本条也并不限制行政机关因地制宜采用其他方式公开政府信息。事实上，各种公告栏、公告墙至今仍是许多基层单位公开政府信息的有效途径。

▶条文参见

《中共中央办公厅、国务院办公厅关于进一步推行政务公开的意见》；《中华人民共和国交通运输部施行〈政府信息公开条例〉办法》第 14 条；《国家知识产权局政府信息公开实施办法(修订)》第 8 条

第二十四条 公开平台

各级人民政府应当加强依托政府门户网站公开政府信息的工作，利用统一的政府信息公开平台集中发布主动公开的政府信息。政府信息公开平台应当具备信息检索、查阅、下载等功能。

▶理解与适用

政府网站，已经成为行政机关公开信息的主要平台。不仅法定的主动公开内容要通过政府网站公开，大量的其他信息，

也通过政府网站公开。为了避免法定的主动公开内容淹没在海量信息中，有必要在政府网站这个渠道中进一步区分出一个专门渠道，以便其更好地担负法定基本渠道的功能。这就是本条规定的统一政府信息公开平台。这个统一的政府信息公开平台，不一定是在政府门户网站之外另搞一个专门的网站，也可以是一个专门栏目的概念，实际上就是各行政机关已经普遍建立的政府信息公开专栏。当然，实际工作需要、客观条件具备的，行政机关也可以根据实际情况，建设独立于本机关政府门户网站之外的统一平台。

第二十五条 公开场所

各级人民政府应当在国家档案馆、公共图书馆、政务服务场所设置政府信息查阅场所，并配备相应的设施、设备，为公民、法人和其他组织获取政府信息提供便利。

行政机关可以根据需要设立公共查阅室、资料索取点、信息公告栏、电子信息屏等场所、设施，公开政府信息。

行政机关应当及时向国家档案馆、公共图书馆提供主动公开的政府信息。

▶理解与适用

关于政府信息公开场所的规定，包括以下几个方面：

第一，本条第一款要求各级人民政府在国家档案馆、公共图书馆、政务服务场所设置政府信息查阅场所，并配备相应的设施、设备，为公民、法人和其他组织获取政府信息提供便利。这是对各级人民政府的硬性规定，是落实本条例确定的政府信息公开制度的基础保障。

第二，本条第二款要求行政机关根据需要设立公共查阅室、资料索取点、信息公告栏、电子信息屏等场所、设施，公开政府信息。这是对各级行政机关的弹性要求，强调因地制宜。

第三，本条第三款要求行政机关及时向国家档案馆、公共图书馆提供主动公开的政府信息，充分发挥国家档案馆、公共图书馆在政府信息公开工作中的作用。

需要说明的是，并非所有的公开方式都需要开辟专门的场所，需要设立专门场所的公开方式多以纸质文本为信息载体。对于电视、广播、政府网站等公开方式，公众在自己的个人活动空间内即可进入，无须开辟专门场所。

▶**条文参见**

《中华人民共和国档案法》第4章；《中华人民共和国交通运输部施行〈政府信息公开条例〉办法》第15条

第二十六条　公开期限

属于主动公开范围的政府信息，应当自该政府信息形成或者变更之日起20个工作日内及时公开。法律、法规对政府信息公开的期限另有规定的，从其规定。

第四章　依申请公开

第二十七条　依申请公开的范围

除行政机关主动公开的政府信息外，公民、法人或者其他组织可以向地方各级人民政府、对外以自己名义履行行政管理职能的县级以上人民政府部门（含本条例第十条第二款规定的派出机构、内设机构）申请获取相关政府信息。

▶**理解与适用**

［申请人主体资格］

本条规定的申请人主体资格，包含三方面的内容。

第一，“公民、法人或者其他组织”是适格的申请人。不具有行为能力的法律主体，虽然具有申请人资格，但是需要由其法定监护人代理其实施有关法律行为。

第二，“公民、法人或者其他组织”，一般不包括行政机关本身，因此，行政机关自身不能成为政府信息公开申请人。在我国现行体制下，事业单位与行政机关类似，一般也不能成为政府信息公开申请人。

第三，只要具备“公民、法人或者其他组织”的法律主体身份，就具备申请人主体资格，没有其他附带条件。

[政府信息公开义务主体]

不是所有的行政机关都应当承担政府信息公开法定义务。在庞大的行政机关体系内，有些是因为没必要而不承担政府信息公开法定义务，有些是因为不适宜承担政府信息公开法定义务。确定政府信息公开义务主体范围时，需要把握三方面的标准。

第一，行政性。行政性是指，作为政府信息公开义务主体的行政机关，应当是行政性的行政机关，而不包括立法机关和司法机关。

第二，外部性。外部性是指，作为政府信息公开义务主体的行政机关，应当是那些对外履行行政职责，其行为能够直接影响当事人权益的行政机关。

第三，独立性。独立性是指，作为信息公开义务主体的行政机关，应当是在组织上相对独立地履行职责的行政机关。

[外国人是否可以申请政府信息公开]

应当注意的是，本条例中有关申请政府信息主体的用词为“公民、法人或者其他组织”，从文本解释不应认为包括外国人和外国组织。按照相关解释，任何外国人、外国组织，可通过我国政府主动公开信息的渠道来获取政府信息。至于外国人和外国组织向我国政府申请获取其他政府信息的，应该依据国际法规定的原则，按照对等原则来进行处理。这是目前处理外国人申请政府信息公开的方式，也是符合国际通行惯例的。

第二十八条 公开申请渠道

本条例第二十七条规定的行政机关应当建立完善政府信息公开申请渠道，为申请人依法申请获取政府信息提供便利。

▶理解与适用

政府信息公开申请渠道，是政府信息公开申请的入口。一方面，入口必须畅通，否则，政府信息公开法律关系无从启动。另一方面，随着信息技术的发展，提交政府信息公开申请的方式越来越多元化，现场提交、邮政寄送、传真、电子邮件、在线平台等，都是潜在的可能渠道。相应地，加强政府信息公开申请渠道建设，一要确保渠道畅通，二要规范多元渠道。

▶条文参见

《国务院办公厅政府信息与政务公开办公室关于政府信息公开申请接收渠道问题的解释》

第二十九条 依申请公开的形式和要求

公民、法人或者其他组织申请获取政府信息的，应当向行政机关的政府信息公开工作机构提出，并采用包括信件、数据电文在内的书面形式；采用书面形式确有困难的，申请人可以口头提出，由受理该申请的政府信息公开工作机构代为填写政府信息公开申请。

政府信息公开申请应当包括下列内容：

（一）申请人的姓名或者名称、身份证明、联系方式；

（二）申请公开的政府信息的名称、文号或者便于行政机关查询的其他特征性描述；

（三）申请公开的政府信息的形式要求，包括获取信息的方式、途径。

▶理解与适用

[申请获取政府信息的要求]

1. 申请获取政府信息的一般形式要件是书面形式。根据本条规定，公民、法人或者其他组织依照本条例向行政机关申请获取政府信息的，应当采用书面形式，这是关于申请形式的原则性规定。书面形式，一般理解为纸质形式，如填写申请表格等。但是，为了使社会公众可以更加方便、快捷地向行政机关提出申请、获取政府信息，本条还规定书面形式包括数据电文形式。所谓数据电文，一般是指以电子、光学、磁或者类似手段生成、发送、接受或者储存的信息，包括但不限于电子数据交换、电子邮件、电报或者传真。在特定情形下，政府信息公开申请也可以通过口头形式提出，由受理该申请的行政机关代为填写政府信息公开申请。

2. 政府信息公开申请需要提供申请人的姓名或者名称、身份证明、联系方式，并且应当有申请公开的政府信息的名称、文号或者便于行政机关查询的其他特征性描述和申请公开的政府信息的形式要求。

▶条文参见

《中华人民共和国交通运输部施行〈政府信息公开条例〉办法》第20条

第三十条 补正程序

政府信息公开申请内容不明确的，行政机关应当给予指导和释明，并自收到申请之日起7个工作日内一次性告知申请人作出补正，说明需要补正的事项和合理的补正期限。答复期限自行政机关收到补正的申请之日起计算。申请人无正当理由逾期不补正的，视为放弃申请，行政机关不再处理该政府信息公开申请。

▶理解与适用

补正程序的适用条件是“政府信息公开申请内容不明确”。需要注意的是，并不是只要存在申请内容不明确的问题，都必须启动补正程序。如果通过简单的电话沟通或当面沟通就可以进一步明确申请内容的，就不需要正式启动补正程序。

补正程序必须在“收到申请之日起7个工作日内”启动，超过这个期限，就不允许再启动补正程序。这一期限约束，主要是为了防止行政机关滥用补正程序。

补正通知必须书面送达。口头沟通可以起到补正程序的作用，但是不能发生补正程序同等效力。正式的补正程序，必须通过书面方式实施。

补正程序一旦启动，其直接法律效力就是期限的中断。申请人按要求补正后，重新计算政府信息公开处理期限。

行政机关依法启动补正程序后，申请人无正当理由拒绝补正的，法律上视为放弃政府信息公开申请，行政机关不再处理该政府信息公开申请，也不需要另行通知申请人，政府信息公开申请处理程序自然终止。还有一种情况，也可以视为放弃政府信息公开申请，就是申请内容中没有联系方式，行政机关无法与申请人取得联系。需要注意的是，视为放弃申请还将产生另一个法律后果，申请人再次申请公开同一政府信息的，即构成重复申请，按照有关规定，行政机关可以拒绝处理。

第三十一条 申请时间

行政机关收到政府信息公开申请的时间，按照下列规定确定：

（一）申请人当面提交政府信息公开申请的，以提交之日为收到申请之日；

（二）申请人以邮寄方式提交政府信息公开申请的，以行政机关签收之日为收到申请之日；以平常信函等无需签收的邮寄方式提交政府信息公开申请的，政府信息公开工作机构应当于收到申请的当日与申请人确认，确认之日为收到申请之日；

（三）申请人通过互联网渠道或者政府信息公开工作机构的传真提交政府信息公开申请的，以双方确认之日为收到申请之日。

▶理解与适用

按照规定，计算政府信息公开申请处理期限的依据是“收到申请之日”，因此，“收到申请之日”这个时间点，直接关系着政府信息公开申请处理责任的启动，法律意义重大。

“收到申请之日”看似一个很简单的问题，但实际上很不简单，涉及很多复杂的问题。实践中，很多行政机关就是因为对“收到申请之日”的把握不够严谨准确，引发一些不必要的行政诉讼案件，有些甚至还被判决败诉。最关键的问题，就在于事实上的收到与法律上的收到，有时不尽一致，甚至可以说经常不一致。事实上的收到，不能简单地等同于法律上的收到。作为具有实际法律意义的“收到”，必须以法定的方式加以确定。

这一条针对三类接收渠道，明确了相应的确认标准。

第一，当面申请的，以提交之日为收到申请之日。

第二，邮政寄送的，又分为两种具体情形。一是一般情况下，行政机关签收之日，为收到申请之日。需要注意的是，这里的签收主体，是行政机关，而不是政府信息公开工作机构。只要行政机关签收，就视为收到。二是以平信这种无须签收的方式邮政寄送的，即便行政机关实际上已经收到，也不能视为法律上的收到，而必须由行政机关政府信息公开工作机构与申请人进行确认，以双方确认之日为收到申请之日。需要注意的是，这里的确认，不是得到申请人确认的意思，不需要申请人同意。

第三，通过其他渠道提交政府信息公开申请的，也需要由行政机关政府信息公开工作机构与申请人进行确认，以双方确认之日为收到申请之日。

行政机关应当在通过政府信息公开指南公告接收渠道的同时，详细说明确认有关事项，以便规范地实施确认行为，更好确定收到申请之日，既方便申请人，又最大限度地减少不必要的程序性争议。

▶条文参见

《国务院办公厅政府信息与政务公开办公室关于政府信息公开期限有关问题的解释》

第三十二条 征求第三方意见程序

依申请公开的政府信息公开会损害第三方合法权益的，行政机关应当书面征求第三方的意见。第三方应当自收到征求意见书之日起15个工作日内提出意见。第三方逾期未提出意见的，由行政机关依照本条例的规定决定是否公开。第三方不同意公开且有合理理由的，行政机关不予公开。行政机关认为不公开可能对公共利益造成重大影响的，可以决定予以公开，并将决定公开的政府信息内容和理由书面告知第三方。

▶理解与适用

本条是关于征求第三方意见程序的规定。征求第三方意见必须采取书面形式，这是程序规范的基本要求。第三方反馈意见的期限是“收到征求意见书之日起15个工作日”。与政府信息公开申请接收环节涉及的问题一样，如何认定“收到”也是很重要的一个问题。根据行政机关公文处理有关规定，行政机关作出的征求意见书，属于正式的机关公文，必须以规范的方式送达相对人。机关公文的送达方式，主要有当面送达和邮政寄送两种。采取当面送达方式的，行政机关应当设置签收环节，由相对人签收机关公文，并将签收凭证作为认定相对人“收到”的依据。采取邮政寄送方式的，根据《中华人民共和国邮政法》第五十五条的规定，应当通过国家邮政企业寄送，以国家邮政企业提供的送达凭证为认定相对人“收到”的依据。

无论第三方是否如期反馈意见、是否同意公开，最终的处理决定，都由行政机关依据政府信息公开条例的规定作出，相应的法律责任由行政机关承担。

政府信息涉及第三方且依法启动征求第三方意见程序的，行政机关如果最终决定予以公开，应当将决定公开的政府信息内容和理由书面告知第三方。需要注意的是，这个告知第三方的责任，是征求第三方程序的随附责任。如果没有启动征求第三方意见程序，则无论最终结果是否公开，都不需要书面告知第三方。

▶典型案例指引

王某某诉天津市和平区房地产管理局案（2014年9月13日最高人民法院公布全国法院政府信息公开十大案例）

案件适用要点：本案的焦点集中在涉及商业秘密的政府信息的公开问题以及征求第三方意见程序的适用。在政府信息公开实践中，行政机关经常会以申请的政府信息涉及商业秘密为由不予公开，但有时会滥用。商业秘密的概念具有严格内涵，依据反不正当竞争法的规定，商业秘密是指不为公众知悉、能为权利人带来经济利益、具有实用性并经权利人采取保密措施的技术信息和经营信息。行政机关应当依此标准进行审查，而不应单纯以第三方是否同意公开作出决定。人民法院在合法性审查中，应当根据行政机关的举证作出是否构成商业秘密的判断。本案和平区房管局在行政程序中，未进行调查核实就直接主观认定申请公开的信息涉及商业秘密，在诉讼程序中，也没有向法院提供相关政府信息涉及商业秘密的证据和依据，导致法院无从对被诉告知书认定“涉及商业秘密”的事实证据进行审查，也就无法对该认定结论是否正确作出判断。基于此，最终判决行政机关败诉符合立法本意。该案例对于规范人民法院在政府信息公开行政案件中如何审查判断涉及商业秘密的政府信息具有典型示范意义。

▶条文参见

《中华人民共和国邮政法》第55条

第三十三条 依申请公开的答复期限

行政机关收到政府信息公开申请，能够当场答复的，应当当场予以答复。

行政机关不能当场答复的，应当自收到申请之日起20个工作日内予以答复；需要延长答复期限的，应当经政府信息公开工作机构负责人同意并告知申请人，延长的期限最长不得超过20个工作日。

行政机关征求第三方和其他机关意见所需时间不计算在前款规定的期限内。

▶理解与适用

政府信息公开期限约束，是政府信息公开义务法定化的核心要素之一，它将法定化的政府信息公开与非法定化的政府信息公开显著区别开来。法定化的核心要义之一，就是确定性。申请人向行政机关提出政府信息公开申请，无论行政机关是否公开，都必须在特定期限内给申请人一个确定的答复。

政府信息公开一般期限为20个工作日，自行政机关收到申请之日的次日起算。行政机关收到申请之日，根据本条例第三十一条的规定认定。

20个工作日的一般期限，可以延长一次，延长期限最多不超过20个工作日。延长的法定条件，是经行政机关政府信息公开工作机构负责人同意并告知申请人。

▶典型案例指引

李某某诉广东省交通运输厅政府信息公开案（最高人民法院指导案例 26 号）

案件适用要点：公民、法人或者其他组织通过政府公众网络系统向行政机关提交政府信息公开申请的，如该网络系统未作例外说明，则系统确认申请提交成功的日期应当视为行政机关收到政府信息公开申请之日。行政机关对于该申请的内部处理流程，不能成为行政机关延期处理的理由，逾期作出答复的，应当确认为违法。

▶条文参见

《中华人民共和国交通运输部施行〈政府信息公开条例〉办法》第 22 条；《国家知识产权局政府信息公开实施办法（修订）》第 21 条

第三十四条 征求其他行政机关意见

申请公开的政府信息由两个以上行政机关共同制作的，牵头制作的行政机关收到政府信息公开申请后可以征求相关行政机关的意见，被征求意见机关应当自收到征求意见书之日起 15 个工作日内提出意见，逾期未提出意见的视为同意公开。

▶理解与适用

本条适用的情形，是申请公开的政府信息由两个以上行政机关共同制作。需要注意的是，这并不意味着必须符合这种条件才能征求其他行政机关的意见。实践中，还有很多具体情形，涉及其他行政机关。为了更好地处理相关的政府信息公开申请，行政机关可以征求相关行政机关的意见。

涉及共同制作政府信息的情形，是否需要征求相关行政机关的意见，由牵头制作的行政机关自行决定。与征求第三方意见程序一样，这个程序也不是强制性必经程序。

被征求意见单位回复期限是15个工作日。在这个期限内，政府信息公开期限中止，中止的时间点，是牵头制作的行政机关发出征求意见书面通知的时间点。被征求意见单位逾期不回复的，视为同意公开。

本条没有规定被征求意见单位不同意公开该如何处理。对此问题，应当参照征求第三方意见程序办理。无论被征求意见单位的最终意见是什么，都只是牵头制作的行政机关的最终决策参考因素，不是决定性因素。

第三十五条 特别措施

申请人申请公开政府信息的数量、频次明显超过合理范围，行政机关可以要求申请人说明理由。行政机关认为申请理由不合理的，告知申请人不予处理；行政机关认为申请理由合理，但是无法在本条例第三十三条规定的期限内答复申请人的，可以确定延迟答复的合理期限并告知申请人。

▶理解与适用

本条是关于特别措施的规定。特别措施，顾名思义，针对的是特别的情形，采取的是特别的方式。因此，本条与一般性的豁免条款不同，它不是为行政机关提供一个常规性的拒绝公开理由和依据，而是针对特殊情况做出的特别处理。这个特殊情况，就是“申请人申请公开政府信息的数量、频次明显超过合理范围”，至于合理范围具体指的是什么，本条没有规定，需要由主管部门结合具体情况以适当方式加以明确。

符合特别措施适用条件的，行政机关可以有两个选择，一是告知申请人不予处理，二是有权延长法定处理期限。具体采取何种方式，由行政机关根据实际情况加以确定。

第三十六条 依申请公开的答复

对政府信息公开申请，行政机关根据下列情况分别作出答复：

（一）所申请公开信息已经主动公开的，告知申请人获取该政府信息的方式、途径；

（二）所申请公开信息可以公开的，向申请人提供该政府信息，或者告知申请人获取该政府信息的方式、途径和时间；

（三）行政机关依据本条例的规定决定不予公开的，告知申请人不予公开并说明理由；

（四）经检索没有所申请公开信息的，告知申请人该政府信息不存在；

（五）所申请公开信息不属于本行政机关负责公开的，告知申请人并说明理由；能够确定负责公开该政府信息的行政机关的，告知申请人该行政机关的名称、联系方式；

（六）行政机关已就申请人提出的政府信息公开申请作出答复、申请人重复申请公开相同政府信息的，告知申请人不予重复处理；

（七）所申请公开信息属于工商、不动产登记资料等信息，有关法律、行政法规对信息的获取有特别规定的，告知申请人依照有关法律、行政法规的规定办理。

▶理解与适用

本条包含七项具体条文，实际上确立的是四种基本处理决定类型，分别是予以公开、不予公开、无法提供、不予处理。

第一项属于“予以公开”的一种特定情形，即所申请公开信息已经主动公开的，告知申请人获取该政府信息的方式、途径。这是予以公开处理方式的首选，即便是那些尚未主动公开的政府信息，在有人提出申请的时候，如果可以予以公开，也应当优先采取这种处理方式，即，将相关政府信息通过政府网站等渠道对社会普遍公开，并告知申请人获取该政府信息的方式、途径。

第二项也属于“予以公开”的处理决定类型。这其中又细分为两种具体情形。一是所申请公开信息可以公开的，向申请人提供该政府信息。如果是当面提供政府信息，应当请申请人签署相应的接收回执，为当面提供这一事实行为提供必要的记录和证明。二是告知申请人获取该政府信息的方式、途径和时间。这里的告知，应当采取书面形式。这里的获取该政府信息的时间，不限于二十个工作日，但也不能明显不合理，如两三年之后。具体如何把握，一方面需要由行政机关根据实际情况具体确定，另一方面也需要全国政府信息公开工作主管部门发布相应的工作指引加以引导规范。

第三项属于“不予公开”的处理决定类型。行政机关作出的不予公开决定，必须援引本条例的豁免条款作为法律依据。本条例的豁免条款，限于第十四条、第十五条和第十六条，其他条款一般不能作为不予公开的法律依据。

第四项属于“无法提供”的处理决定类型。行政机关经过必要的检索，发现没有申请人所申请公开的政府信息，自然无法向申请人提供相应的政府信息。理解和适用这一条时，要注意把握两方面的内容。一是关于政府信息不存在的理解和把握。政府信息不存在的具体情形很复杂，有些是完全不存在。有些是零散地存在，但是需要行政机关进一步加工、汇总、整理才能制作出申请人所需要的政府信息。还有些是应当存在但事实上不存在，比如，某个文件要求相应的行政机关向上级机关报告一项工作，但因为种种原因该行政机关并没有进行报告，或者没有以正式的书面方式进行报告，这种情况也属于政府信息不存在。当然，应当存在而事实上不存在，可能构成相应的不作为，这需要依照相应规定办理，不宜在政府信息公开法律关系中予以纠正，政府信息公开所侧重关注的是客观存在的政府信息，不过多关注政府信息应不应该有、内容正确不正确等衍生问题。二是关于检索义务的理解和把握。行政机关的检索义务，主要存在于纸质信息阶段。行政机关面对大量的纸质政府信息，要从中找出特定政府信息是否存在，确实需要进行认真的检索，加之政府信息的密级管理要求，特定密级范围的政府信息，只有特定级别以上的工作人员才能接触并进行查找。

第五项也属于“无法提供”的处理决定类型，主要适用于本机关不持有、其他行政机关持有相应政府信息的情形，实质上属于广义的“政府信息不存在”范畴。

第六项属于“不予处理”的处理决定类型。如果行政机关已就申请人提出的政府信息公开申请作出答复，申请人重复申请公开相同政府信息的，可以认为其行为明显缺乏合理性，行政机关可以告知申请人不予重复处理，也就是不予处理。但是，如果申请人重复申请的行为确属事出有因，能够提出合理理由，行政机关也可以本着服务行政的理念，为其再次提供政府信息。

第七项也属于“不予处理”的处理决定类型。工商和不动产登记资料、户籍信息、银行账户信息等的查询和利用，是行政机关履行的特定行政管理职能，属于行政查询事项，其申请人资格、公开对象、公开范围、公开条件等，与政府信息公开有着内在的根本性区别，不能相互混同。申请人依据政府信息公开条例申请获取这方面信息的，行政机关应当告知申请人依照有关法律、行政法规的规定办理，本机关不作为政府信息公开申请予以处理。

▶条文参见

《中华人民共和国交通运输部施行〈政府信息公开条例〉办法》第 21、24 条；《国家知识产权局政府信息公开实施办法（修订）》第 24 条

第三十七条 区分公开制度

申请公开的信息中含有不应当公开或者不属于政府信息的内容，但是能够作区分处理的，行政机关应当向申请人提供可以公开的政府信息内容，并对不予公开的内容说明理由。

▶理解与适用

本条对于行政机关而言是一项义务性规定，对于凡是能够作区分处理的政府信息，做到既不泄露国家秘密、商业秘密和个人隐私，又能满足申请人需要的政府信息，行政机关都应当及时、准确地向申请人提供可以公开的信息内容。

▶条文参见

《国家知识产权局政府信息公开实施办法（修订）》第25条

第三十八条 无法提供的处理

行政机关向申请人提供的信息，应当是已制作或者获取的政府信息。除依照本条例第三十七条的规定能够作区分处理的外，需要行政机关对现有政府信息进行加工、分析的，行政机关可以不予提供。

▶理解与适用

需要行政机关对现有政府信息进行加工、分析，意味着相关政府信息不是现有的，需要另行制作才能向申请人提供。

需要注意的是，虽然这一条使用了“应当”的表述，但这并不意味着禁止行政机关对现有政府信息进行加工、分析进而制作相应的政府信息。行政机关应当最大限度满足申请人的需求，在条件允许的情况下，可以为申请人制作相应的政府信息并向其公开。正如本条最后一句所表述的，“行政机关可以不予提供”，而不是“行政机关不得提供”，可以不予提供的内在含义，是在条件确实不具备，或者申请人的请求明显缺乏合理性的情况下，授权行政机关予以拒绝。

第三十九条 不予处理

申请人以政府信息公开申请的形式进行信访、投诉、举报等活动，行政机关应当告知申请人不作为政府信息公开申请处理并可以告知通过相应渠道提出。

申请人提出的申请内容为要求行政机关提供政府公报、报刊、书籍等公开出版物的，行政机关可以告知获取的途径。

▶理解与适用

本条规定包括两种具体的情形，一是以政府信息公开申请的形式进行信访、投诉、举报等活动的，二是要求行政机关提供政府公报、报刊、书籍等公开出版物的。

与其他不予处理具体情形有所不同的是，这两种具体情形的发生，往往与申请人对政府信息公开制度的理解不够准确有关，导致其把信息公开等同于信访、投诉、举报渠道。考虑到信访、投诉、举报是申请人所享有的正当权利，行政机关在告知不予处理的同时，要为申请人提供相应的指引，帮助申请人选择正确的诉求表达渠道。

第四十条 依申请公开的形式

行政机关依申请公开政府信息，应当根据申请人的要求及行政机关保存政府信息的实际情况，确定提供政府信息的具体形式；按照申请人要求的形式提供政府信息，可能危及政府信息载体安全或者公开成本过高的，可以通过电子数据以及其他适当形式提供，或者安排申请人查阅、抄录相关政府信息。

▶理解与适用

根据本条规定，在政府信息公开的申请中，申请人有权对申请公开的政府信息提出形式上的要求，原则上，行政机关应当按照申请人所要求的形式提供——申请人所要求的形式一般是获得信息原件，从而可以确保所获得信息的效力。但对于不少行政机关而言，这一要求显然过高，难以实现，甚至可能危及政府信息载体安全，因此有必要允许行政机关变通为其他适当形式，如提供复印件、复制件，或者仅安排申请人查阅而不得带走原件以及提供电子数据等其他适当形式。需要注意的是，本条所规定的“适当形式”，指的是行政机关在无法按照申请人要求的形式提供政府信息时，仍然应当从最大限度方便申请人获取政府信息出发，采用申请人可以接受的经济、便捷的其他形式提供政府信息。

第四十一条 政府信息更正机制

公民、法人或者其他组织有证据证明行政机关提供的与其自身相关的政府信息记录不准确的，可以要求行政机关更正。有权更正的行政机关审核属实的，应当予以更正并告知申请人；不属于本行政机关职能范围的，行政机关可以转送有权更正的行政机关处理并告知申请人，或者告知申请人向有权更正的行政机关提出。

▶理解与适用

政府信息更正机制，是从属于政府信息公开制度的一项机制，不能独立运行。这一机制的适用对象，是申请人依据政府信息公开制度要求获取的、“行政机关提供的”政府信息。政府信息的更正，必须以政府信息的公开为基础和前提。这一条的适用，以先在的政府信息公开行为为前提。也就是说，申请人只有对于通过政府信息公开申请得到的政府信息，如果认为存在记录内容不准确的，才能够启动这一条规定的更正机制。不能把这一条理解为，公众可以针对任何存在不准确问题的政府信息，依据这一条启动更正机制。

在这一条规定之外，其他法律、行政法规也会涉及相关政府信息的更正，比如，企业的工商登记信息存在错误的，有相应的专门规定进行更正。这种专门规定，往往会设置相应的条件和程序。本条规定的政府信息更正机制，则没有专门的条件、程序要求。

对于申请人提出的更正要求，行政机关应当进行审核，属于本机关权限范围内，且相关政府信息确实存在不准确问题的，应当予以更正。不属于本机关权限范围的，可以直接转送有权行政机关处理，也可以告知申请人自行向有关行政机关提出更正请求。至于行政机关应当在多长时间内进行办理、拒绝更正的如何寻求救济等问题，本条没有进一步规定。

▶条文参见

《中华人民共和国交通运输部施行〈政府信息公开条例〉办法》第 23 条

第四十二条 依申请公开的收费

行政机关依申请提供政府信息，不收取费用。但是，申请人申请公开政府信息的数量、频次明显超过合理范围的，行政机关可以收取信息处理费。

行政机关收取信息处理费的具体办法由国务院价格主管部门会同国务院财政部门、全国政府信息公开工作主管部门制定。

▶理解与适用

[依申请公开政府信息不收取费用]

行政机关依申请公开政府信息不收取费用，主要包括如下三个方面：一是行政机关依照申请公开政府信息的，不得向任何人收取任何费用；二是收费项目只能是申请人申请公开政府信息的数量、频次明显超过合理范围的信息处理费，除此以外不得有其他收费项目；三是收费的主体只能是行政机关，并且行政机关不得通过其他组织、个人以有偿服务方式提供政府信息。

[信息处理费的收费标准]

本条第二款规定，行政机关收取信息处理费的标准由国务院价格主管部门会同国务院财政部门、全国政府信息公开工作主管部门制定。各地方、各部门无权自行规定收费标准。这主要是考虑到政府信息公开涉及面广，如果由各地方、各部门自行制定收费标准，可能会出现各地方、各部门对同一类事项的收费标准差异过大的情形，不利于申请人公平地获取政府信息。

第四十三条 为特殊群体提供必要帮助

申请公开政府信息的公民存在阅读困难或者视听障碍的，行政机关应当为其提供必要的帮助。

▶理解与适用

[对阅读困难或视听障碍公民的帮助]

关于行政机关为申请人提供必要帮助的规定需要注意的是，这一规定适用的对象限于存在阅读困难或者视听障碍的公民。他们因为自身生理或者认知水平方面的缺陷，在申请时往往难以迅速、准确、全面地表达自己的意思，故本条规定了行政机关为其提供必要帮助的义务。

第四十四条 鼓励积极主动公开

多个申请人就相同政府信息向同一行政机关提出公开申请，且该政府信息属于可以公开的，行政机关可以纳入主动公开的范围。

对行政机关依申请公开的政府信息，申请人认为涉及公众利益调整、需要公众广泛知晓或者需要公众参与决策的，可以建议行政机关将该信息纳入主动公开的范围。行政机关经审核认为属于主动公开范围的，应当及时主动公开。

第四十五条 工作规范

行政机关应当建立健全政府信息公开申请登记、审核、办理、答复、归档的工作制度，加强工作规范。

▶理解与适用

政府信息公开行为的顺利实施，除了需要政府信息公开条例的规范外，还需要行政机关内部相应工作制度的规范，内部工作制度和外部法律制度相互配合、分工协作，才能保障政府信息公开行为的有序实施。

本条所要求建立健全的政府信息公开申请登记、审核、办理、答复、归档等五方面的工作制度，是规范行政机关内部行为的制度，不是规范外部行为的制度；是适用于行政机关自身的制度，不是适用于申请人的制度。

登记，是指对收到的政府信息公开申请逐一进行登记，将申请人的基本情况、申请的内容要素、最终处理情况、后续复议诉讼情况等，以规范的方式登记在册，以便后续查询利用。审核，是指对收到的政府信息公开申请进行审查，这个环节主要涉及政府信息公开工作机构与行政机关内设的职能机构之间的衔接，应当有一个衔接办法，使内部工作机构之间衔接顺畅、责任清晰。办理，是指对政府信息公开申请做出处理的环节，主要涉及层级审批问题，比如，那些申请量很高的行政机关，可以简化审批流程，事实简单清楚的申请，审批权可以下放至内设机构负责人甚至具体承办人，不需要全部提交至行政机关负责人审批，这就要有相应的工作制度加以规范。答复，是指对政府信息公开申请作出最终处理决定、制作相应法律文书并送达至申请人。归档，是指政府信息公开申请处理完毕后，将所有的相关材料规范地整理并保存。这些环节，都有必要通过相应的工作制度进行规范，确保政府信息公开法律关系规范、有序。

第五章　监督和保障

第四十六条　考核、评议、责任追究制度

各级人民政府应当建立健全政府信息公开工作考核制度、社会评议制度和责任追究制度，定期对政府信息公开工作进行考核、评议。

▶理解与适用

[考核]

考核制度是由各级人民政府负责的行政机关的内部监督制度，其应当制定考核的具体办法，确立考核的具体标准，并且要明确考核机构及其人员构成。考核应当针对各行政机关及其政府信息公开工作机构的人员定期进行，可以采取听取汇报、查看资料、数据统计、报表分析、社会调查等多种方式综合评价。

[社会评议]

社会评议制度是由各级人民政府组织人民群众进行的行政机关的外部监督制度。由于人民群众是政府信息公开的直接受益者，他们对政府信息公开的内容是否真实、准确、全面，时间是否及时，程序是否符合规定，制度是否落实到位等都有切身体会。由他们对政府信息公开工作进行评议，是人民监督的具体体现。

[责任追究]

责任追究制度是考核、评议制度能够切实发挥监督作用的保障。如果不根据考核、评议的结果采取相应的措施，追究履行政府信息公开职责不到位的工作部门及人员的责任，干与不干一个样，干好干坏一个样，那么考核、评议就难以发挥其应有的监督作用。因此，考核、评议完毕之后，必须及时根据责任追究办

法，对政府信息公开工作较差的部门中的有关责任人员予以惩戒。

▶条文参见

《中华人民共和国监察法》；《中华人民共和国公务员法》；《关于实行党政领导干部问责的暂行规定》；《国务院办公厅关于施行〈中华人民共和国政府信息公开条例〉若干问题的意见》六；《国务院办公厅关于推行行政执法责任制的若干意见》；《中华人民共和国交通运输部施行〈政府信息公开条例〉办法》第27、28条；《国家知识产权局政府信息公开实施办法(修订)》第33条

第四十七条 日常指导和监督检查

政府信息公开工作主管部门应当加强对政府信息公开工作的日常指导和监督检查，对行政机关未按照要求开展政府信息公开工作的，予以督促整改或者通报批评；需要对负有责任的领导人员和直接责任人员追究责任的，依法向有权机关提出处理建议。

公民、法人或者其他组织认为行政机关未按照要求主动公开政府信息或者对政府信息公开申请不依法答复处理的，可以向政府信息公开工作主管部门提出。政府信息公开工作主管部门查证属实的，应当予以督促整改或者通报批评。

▶理解与适用

本条赋予了政府信息公开工作主管部门三种具体的法定监督权，一是督促整改权，二是通报批评权，三是责任人处理建议权。

督促整改，通报批评，都是行政机关内部常用的工作手段。一般而言，上级机关对于下级机关，可以基于行政组织法的规定，依托上下级组织关系，就日常工作要求督促整改，进行通报批评。

责任人处理建议权，是政府信息公开条例新创设的一种法

定监督权。法定的处理建议权，与一般性的处理建议不同，法定的处理建议，只要不存在重大的法律和事实错误，有权作出处理的机关原则上应当尊重这一处理建议，并依职权落实这一处理建议。这也就意味着，对于政府信息公开工作主管部门依法提出的责任人处理建议，只要没有法律和事实错误，有权机关将根据该建议作出相应的处理决定。政府信息公开条例赋予各级政府信息公开工作主管部门的这一法定监督权，是很有力度的。

本条还明确了政府信息公开工作主管部门启动法定监督权的两种方式。一是依职权启动，政府信息公开工作主管部门在工作中认为需要启动监督权的，可以依职权自行启动。二是应公民、法人或者其他组织的要求启动，公民、法人或者其他组织认为行政机关未按照要求主动公开政府信息的，可以向政府信息公开工作主管部门提出。政府信息公开工作主管部门查证属实的，予以督促整改或者通报批评。需要注意的是，依职权启动的事项范围，比应公民、法人或者其他组织的要求启动事项范围广一些。应公民、法人或者其他组织的要求启动，限于“行政机关未按照要求主动公开政府信息或者对政府信息公开申请不依法答复处理”的情形。依职权启动，没有明确的范围限制，可以适用于所有政府信息公开工作领域。

第四十八条 定期培训

政府信息公开工作主管部门应当对行政机关的政府信息公开工作人员定期进行培训。

▶理解与适用

政府信息公开工作，综合性、政策性、法律性很强，对工作人员专业素质和综合素养的要求都很高。做好政府信息公开工作，特别有必要加强系统性的工作培训。

政府信息公开培训工作，原则上分级负责。政府信息公开工作主管部门的培训对象，是本级政府所属行政机关的政府信息公开工作人员。需要注意的是，行政机关自行开展的政府信息公开业务培训，不能代替政府信息公开工作主管部门的业务培训。

关于培训频率，这一条没有明确规定，只是要求“定期”开展培训。从实践需要的角度看，一般一年至少一次。

培训内容，应当是以政府信息公开条例为中心的业务工作。各级政府信息公开工作主管部门在开展业务培训时，应当注意提升培训内容的计划性、系统性和针对性，条件具备的，要逐步形成权威、规范、统一的培训教材体系。

第四十九条 年度报告制度

县级以上人民政府部门应当在每年 1 月 31 日前向本级政府信息公开工作主管部门提交本行政机关上一年度政府信息公开工作年度报告并向社会公布。

县级以上地方人民政府的政府信息公开工作主管部门应当在每年 3 月 31 日前向社会公布本级政府上一年度政府信息公开工作年度报告。

▶理解与适用

年度报告制度，是政府信息公开特有的制度设计。最初的制度设计，是政府统一向代议机关作专项工作报告，类似于我国的向人大报告工作制度。随着信息化技术的发展，各行政机关可以很方便地对外发布工作报告。随着对外发布年度报告的行为逐渐增多，年度报告制度开始逐步带有向社会报告、接受社会监督的色彩，且由政府统一报告逐步转向政府统一报告与各行政机关分别报告相结合。这一条确立的政府信息公开工作年度报告制度，体现的就是这种制度发展趋势。

▶条文参见

《中华人民共和国交通运输部施行〈政府信息公开条例〉办法》第 31 条；《国家知识产权局政府信息公开实施办法（修订）》第 35 条

第五十条 年度报告的内容

政府信息公开工作年度报告应当包括下列内容：

（一）行政机关主动公开政府信息的情况；

（二）行政机关收到和处理政府信息公开申请的情况；

（三）因政府信息公开工作被申请行政复议、提起行政诉讼的情况；

（四）政府信息公开工作存在的主要问题及改进情况，各级人民政府的政府信息公开工作年度报告还应当包括工作考核、社会评议和责任追究结果情况；

（五）其他需要报告的事项。

全国政府信息公开工作主管部门应当公布政府信息公开工作年度报告统一格式，并适时更新。

▶理解与适用

根据本条规定，政府信息公开工作年度报告内容要素为“4 + 1”，即，四项确定性要素，一项兜底性要素。

第一项确定性要素是行政机关主动公开政府信息的情况。法定的“行政机关主动公开政府信息的情况”，指的是行政机关贯彻落实政府信息公开条例有关主动公开要求的情况，主要是贯彻落实本条例第二十条所规定的十五项主动公开的内容的情况。

第二项和第三项确定性要素，是关于行政机关收到和处理政府信息公开申请的情况，以及后续行政复议、行政诉讼有关情况。这方面的情况，一般不宜通过文字描述的方式进行报告，而应当通过表格的形式，主要通过数据加以呈现。具体的体例格式，需要由主管部门作出进一步的规定。

第四项确定性要素，是政府信息公开工作存在的主要问题及改进情况。在理解和把握这一要素过程中，要特别注意两个方面。一是立足实际，谈问题要有针对性，改进措施要有可操作性。要尽量避免“问题年年有、措施年年提、来年再报告、一切还照旧”。二是实事求是，有则有，无则无，不要为报告问题而报告问题。所提出的问题不怕小，不怕具体。行政机关要努力做到每年提出新问题并解决新问题，在这个过程中不断深化政府信息公开工作。

兜底性要素，即“其他需要报告的事项”。一方面，是为其他法律法规乃至文件预留制度空间，其他法律法规乃至文件，可以就某一方面的信息公开提出要求做出部署，为了确保贯彻落实到位，可以将相关要求落实情况作为政府信息公开年度报告事项。这类要求，通过这一兜底性要素进行安排。当然，实际操作过程中，需要主管部门提出具体办法。另一方面，是为行政机关预留一定自由把握的空间。各行政机关认为重要的、需要报告的其他工作内容，可以在这一项要素中加以体现。

本条还要求全国政府信息公开工作主管部门公布政府信息公开工作年度报告统一格式并适时更新。全国政府信息公开工作主管部门发布统一格式，有利于规范广大行政机关政府信息公开工作年度报告行为，客观、规范地反映政府信息公开工作情况，为全社会了解、研究政府信息公开工作，提供严谨、可靠、易用的基本素材。这一要求，既是全国政府信息公开工作主管部门重要的工作职责，也是重要的工作抓手。

▶条文参见

《中华人民共和国交通运输部施行〈政府信息公开条例〉办法》第 31 条

第五十一条 投诉、举报制度和救济制度

公民、法人或者其他组织认为行政机关在政府信息公开工作中侵犯其合法权益的，可以向上一级行政机关或者政府信息公开工作主管部门投诉、举报，也可以依法申请行政复议或者提起行政诉讼。

▶理解与适用

[投诉、举报制度]

对于本条所规定的投诉、举报制度，应当从以下方面予以理解：一是有权投诉、举报的主体十分广泛，任何公民、法人或者其他组织认为行政机关在政府信息公开工作中侵犯其合法权益的，都可以投诉、举报；二是投诉、举报的理由是行政机关在政府信息公开工作中侵犯其合法权益；三是受理投诉、举报的主体是上一级行政机关或者政府信息公开工作主管部门；四是有关行政机关、政府信息公开工作主管部门收到投诉、举报后应当依照各自职责及时调查处理。

[救济制度]

根据本条规定，在政府信息公开工作中合法权益受到行政机关侵犯的公民、法人或者其他组织，可以通过行政复议和行政诉讼制度获取救济。而且行政复议并非行政诉讼的前置程序，申请行政复议还是提起行政诉讼，由当事人自由选择。如果公民、法人或者其他组织认为其合法权益受到行政机关行政行为的侵犯，其可以向复议机关申请行政复议，也可以直接向人民法院提起行政诉讼。

▶条文参见

《中华人民共和国行政复议法》第11条；《中华人民共和国行政诉讼法》第12条；《国务院办公厅关于施行〈中华人民共和国政府信息公开条例〉若干问题的意见》六（十六）；《中华人民共和国交通运输部施行〈政府信息公开条例〉办法》第

32、33 条

第五十二条 违反本条例应承担的法律责任

行政机关违反本条例的规定，未建立健全政府信息公开有关制度、机制的，由上一级行政机关责令改正；情节严重的，对负有责任的领导人员和直接责任人员依法给予处分。

▶理解与适用

本条规定的法律责任包括责令改正和处分。责令改正是针对行政机关作出的，是对违法行为后果及其违法行为本身的纠正，目的是强制行政机关履行法定义务。处分是一种对行政机关公务员的惩戒措施，属于纪律责任范畴。行政机关公务员处分分为警告、记过、记大过、降级、撤职、开除六类。需要注意的是，这里规定的“情节严重”，是指长时间不建立健全政府信息公开有关制度、机制，经责令仍不改正，或者造成严重的后果等情形。

第五十三条 法律责任的具体规定

行政机关违反本条例的规定，有下列情形之一的，由上一级行政机关责令改正；情节严重的，对负有责任的领导人员和直接责任人员依法给予处分；构成犯罪的，依法追究刑事责任：

（一）不依法履行政府信息公开职能；

（二）不及时更新公开的政府信息内容、政府信息公开指南和政府信息公开目录；

（三）违反本条例规定的其他情形。

▶理解与适用

法定的责任追究情形有三类。一是不依法履行政府信息公开职能。这种情形所涉及的具体情况很宽泛，只要是政府信息公开条例确立的法定要求没有得到落实的情况，都可以纳入这一责任追究情形。二是不及时更新公开的政府信息内容、政府信息公开指南和政府信息公开目录。这一责任追究情形比较明确具体，需要注意的是，“不及时更新公开的政府信息内容”，限于法定主动公开内容，而不是行政机关公开的所有内容，否则，这一条将不可操作。三是兜底性的规定，即“违反本条例规定的其他情形”。

▶条文参见

《中华人民共和国保守国家秘密法》第57条；《中华人民共和国突发事件应对法》第95条；《中华人民共和国交通运输部施行〈政府信息公开条例〉办法》第35条

第六章　附　　则

第五十四条　被授权组织的适用

法律、法规授权的具有管理公共事务职能的组织公开政府信息的活动，适用本条例。

▶理解与适用

在我国行政法框架下，法律、法规授权的具有管理公共事务职能的组织，与行政机关一样履行着法定的公共事务管理职责，也与行政机关一样以自己的名义独立承担法律责任，其法律地位，与行政机关基本相同。为了进一步明确这类主体在政府信息公开条例中的地位，本条对此作了专门明确。

第五十五条 对公共企事业单位的适用

教育、卫生健康、供水、供电、供气、供热、环境保护、公共交通等与人民群众利益密切相关的公共企事业单位，公开在提供社会公共服务过程中制作、获取的信息，依照相关法律、法规和国务院有关主管部门或者机构的规定执行。全国政府信息公开工作主管部门根据实际需要可以制定专门的规定。

前款规定的公共企事业单位未依照相关法律、法规和国务院有关主管部门或者机构的规定公开在提供社会公共服务过程中制作、获取的信息，公民、法人或者其他组织可以向有关主管部门或者机构申诉，接受申诉的部门或者机构应当及时调查处理并将处理结果告知申诉人。

▶理解与适用

公共企事业单位，所提供的教育、卫生健康、供水、供电、供气、供热、环境保护、公共交通等公共服务，具有相当程度的公共属性，与人民群众切身利益密切相关。这类主体应当承担相应的信息公开义务，这是社会广泛共识。

▶条文参见

《国务院办公厅关于施行〈中华人民共和国政府信息公开条例〉若干问题的意见》七；《慈善组织信息公开办法》；《中华人民共和国交通运输部施行〈政府信息公开条例〉办法》第37条

第五十六条 施行时间

本条例自2019年5月15日起施行。

▶理解与适用

法律法规的施行时间，有两种基本模式，一种是自公布之日起施行，另一种是在条文中确定一个时间。具体采取哪种模式，要根据具体情况确定。政府信息公开条例的施行，需要做一系列的配套准备工作，因此，确定一个施行时间，为行政机关预留必要的准备时间，是适当的做法。

最高人民法院关于审理政府信息公开行政案件适用法律若干问题的解释

（2024年12月24日最高人民法院审判委员会第1939次会议通过　2025年5月19日最高人民法院公告公布　自2025年6月1日起施行　法释〔2025〕8号）

为正确审理政府信息公开行政案件，根据《中华人民共和国行政诉讼法》（以下简称行政诉讼法）、《中华人民共和国政府信息公开条例》（以下简称政府信息公开条例）等法律、行政法规的规定，结合行政审判工作实际，制定本解释。

第一条　公民、法人或者其他组织认为下列涉政府信息公开行为侵犯其合法权益，依法提起行政诉讼的，人民法院应当受理：

（一）向行政机关申请获取政府信息，行政机关告知政府信息无法提供或者不予处理的；

（二）行政复议机关对政府信息公开条例第十四条、第十五条、第十六条规定的不予公开行为作出行政复议决定的；

（三）认为行政机关提供的政府信息不符合其申请内容的；

（四）认为行政机关主动公开或者依他人申请公开政府信息侵犯其商业秘密、个人隐私等合法权益的；

（五）认为行政机关在政府信息公开工作中的其他行为侵犯其合法权益的。

第二条　公民、法人或者其他组织认为行政机关不依法履行主动公开政府信息职责，直接向人民法院提起诉讼的，应当告知其先向行政机关申请获取政府信息。

对行政机关的答复、逾期不予答复等行为不服的，可以依法申请行政复议或者提起行政诉讼。

第三条 认为行政机关作出的政府信息公开、不予公开等行为侵害其合法权益提起诉讼的公民、法人或者其他组织，属于行政诉讼法第二十五条第一款规定的“有利害关系的公民、法人或者其他组织”。

第四条 公民、法人或者其他组织对主动公开政府信息行为不服提起诉讼的，以公开该政府信息的行政机关为被告。

公民、法人或者其他组织对依申请公开政府信息行为不服提起诉讼的，以作出答复的行政机关为被告；逾期未作答复的，以收到申请的行政机关为被告。

根据政府信息公开条例第四条的规定，县级以上地方人民政府指定政府信息公开工作机构负责本机关政府信息公开日常工作，公民、法人或者其他组织对该机构以自己名义所作的政府信息公开行为不服提起诉讼的，以该机构为被告。

第五条 被告对其作出的政府信息公开、不予公开等行为的合法性承担举证责任。

有下列情形之一的，被告应当承担相应的举证责任：

（一）被告主张政府信息已经公开的，应当就公开的事实举证，并向人民法院提交其已告知申请人获取该政府信息方式、途径等证据；

（二）被告主张因公共利益决定公开涉及商业秘密、个人隐私的政府信息的，应当就认定公共利益的理由以及不公开可能对公共利益造成重大影响举证；

（三）被告主张原告申请公开的信息属于内部事务信息不予公开的，应当就该信息属于人事管理、后勤管理或者内部工作流程信息等举证；

（四）被告主张原告申请公开的信息属于过程性信息不予公开的，

应当就该信息系行政机关作出行政处理决定之前形成的内部讨论记录、过程稿、磋商信函、请示报告等举证；

（五）被告主张原告申请公开的信息属于行政执法案卷信息不予公开的，应当就该信息系行政执法过程中形成并记录于执法案卷的当事人信息、调查笔录、询问笔录等举证；

（六）被告主张政府信息不存在的，应当就其已尽合理检索义务等事实举证或者作出合理说明。

第六条 被告主张原告申请公开的信息系国家秘密不予公开，并提供密级标识、保密期限或者其他证明材料的，人民法院应予支持。

被告主张原告申请公开的政府信息公开后可能危及国家安全、公共安全、社会稳定，并提供该信息公开后可能产生不利影响的证据或者作出合理说明的，人民法院应予支持。

人民法院经审理认为政府信息公开后可能危及国家安全、公共安全、社会稳定的，有权要求当事人提供或者补充证据。

第七条 原告应当就下列事项承担举证责任：

（一）起诉要求被告公开政府信息的，应当就其曾向行政机关提出政府信息公开申请举证；

（二）起诉要求被告不得公开政府信息的，应当就政府信息涉及其商业秘密、个人隐私举证；

（三）就行政机关公开或者不予公开等行为可能损害其合法权益举证。

第八条 人民法院审理第一审政府信息公开案件，可以适用简易程序。

人民法院审理政府信息公开案件，应当视情采取适当的审理方式，避免泄露涉及国家秘密、商业秘密、个人隐私或者法律、法规和国家有关规定中要求应当保密的政府信息。

第九条 政府信息由被告的档案机构或者档案工作人员保管的，适用政府信息公开条例的相关规定。

涉及政府信息公开事项的档案已经移交各级国家档案馆的，依照有关档案管理的法律、法规和国家有关规定执行。

第十条 公民、法人或者其他组织提起的涉政府信息公开诉讼明显不符合行政诉讼法规定的起诉条件的，人民法院不予登记立案。

有下列情形之一的，人民法院裁定不予立案；已经立案的，裁定驳回起诉：

（一）按照《中华人民共和国行政复议法》第二十三条第一款第四项的规定，应当先向行政复议机关申请行政复议而未申请的；

（二）行政机关作出延长答复期限或者要求申请人补正等程序性告知行为的；

（三）单独起诉行政机关收取信息处理费决定的；

（四）申请人重复申请公开已经予以公开的政府信息，行政机关作出不予重复处理答复的；

（五）申请行政机关公开的信息属于工商、不动产登记等资料，行政机关告知其按照法律、行政法规规定查询的；

（六）要求行政机关为其制作、加工、分析政府信息，行政机关未予提供的；

（七）申请人以政府信息公开申请的形式进行信访、投诉、举报等活动的；

（八）要求行政机关提供政府公报、报刊、书籍等公开出版物的；

（九）认为公共企事业单位未公开在提供社会公共服务过程中制作、获取的信息的；

（十）其他对公民、法人或者其他组织权利义务不产生实际影响的情形。

第十一条 有下列情形之一的，人民法院判决被告履行政府信息公开职责：

（一）被告对依法应当公开的政府信息拒绝或者部分拒绝公开的，人民法院判决撤销或者部分撤销被诉不予公开决定，并判决被告在二十个工作日内公开；

（二）被告对原告要求公开的申请无正当理由逾期不予答复，原告请求判决被告公开理由成立的，人民法院判决被告在二十个工作日内公开；

（三）被告不予公开的政府信息内容能够作区分处理的，人民法院判决被告在二十个工作日内公开能够公开的内容；

（四）被告以政府信息公开会损害第三方合法权益为由不予公开，但第三方在诉讼程序中同意公开且人民法院经审理认为可以公开的，判决被告在二十个工作日内公开。

第十二条 有下列情形之一的，人民法院判决确认违法：

（一）被告公开政府信息行为违法，但不具有可撤销内容的；

（二）被告在诉讼程序中公开政府信息，原告仍然要求确认原不予公开或者逾期不予答复行为违法的；

（三）被告不予公开或者不予答复行为违法，但判决公开没有意义的。

第十三条 政府信息尚未公开前，原告起诉要求被告不得公开政府信息的，人民法院经审理认为政府信息涉及原告商业秘密、个人隐私且不存在不公开会对公共利益造成重大影响的，应当判决被告不得公开政府信息。

诉讼期间，原告申请停止公开涉及其商业秘密、个人隐私的政府信息，人民法院经审理认为符合行政诉讼法第五十六条规定的，裁定暂时停止公开。

第十四条 有下列情形之一的，人民法院判决驳回原告的诉讼请求：

（一）被告作出的公开、不予公开的决定或者无法提供、不予处理的告知合法的；

（二）申请公开的政府信息内容已经向公众公开，被告告知申请人获取该政府信息的方式、途径和时间的；

（三）被告收到同一申请人的不同申请或者不同申请人内容相同的申请后，在同一个政府信息公开答复中一并予以答复且答复内容合法的；

（四）原告起诉被告逾期不予答复理由不成立的；

（五）原告以政府信息侵犯其商业秘密、个人隐私为由请求不公开，理由不成立的；

（六）其他应当判决驳回诉讼请求的情形。

第十五条　本解释自2025年6月1日起施行。

本解释施行后，《最高人民法院关于审理政府信息公开行政案件若干问题的规定》（法释〔2011〕17号）同时废止。最高人民法院以前发布的司法解释及规范性文件，与本解释不一致的，不再适用。

国务院办公厅关于施行《中华人民共和国政府信息公开条例》若干问题的意见

（2008年4月29日　国办发〔2008〕36号）

各省、自治区、直辖市人民政府，国务院各部委、各直属机构：

为有利于贯彻施行《中华人民共和国政府信息公开条例》（以下简称条例），积极稳妥地推进政府信息公开工作，保障公民、法人和其他组织依法获取政府信息，经国务院同意，现就条例施行中的若干问题提出以下意见：

一、关于政府信息公开管理体制问题

（一）县级以上人民政府各部门（单位）要在本级人民政府信息公开工作主管部门的统一指导、协调、监督下开展政府信息公开工作。

（二）实行垂直领导的部门（单位）要在其上级业务主管部门

（单位）的领导下，在所在地地方人民政府统一指导、协调下开展政府信息公开工作。实行双重领导的部门（单位）要在所在地地方人民政府的领导下开展政府信息公开工作，同时接受上级业务主管部门（单位）的指导。

二、关于建立政府信息发布协调机制问题

（三）各级人民政府信息公开工作主管部门要组织、协调有关行政机关建立健全政府信息发布协调机制，形成畅通高效的信息发布沟通渠道。行政机关拟发布的政府信息涉及其他行政机关的，要与有关行政机关沟通协调，经对方确认后方可发布；沟通协调后不能达成一致意见的，由拟发布该政府信息的行政机关报请本级政府信息公开工作主管部门协调解决。

（四）根据法律、行政法规和国家有关规定，发布农产品质量安全状况、重大传染病疫情、重大动物疫情、重要地理信息数据、统计信息等政府信息，要严格按照规定权限和程序执行。

三、关于发布政府信息的保密审查问题

（五）行政机关在制作政府信息时，要明确该政府信息是否应当公开；对于不能确定是否可以公开的，要报有关业务主管部门（单位）或者同级保密工作部门确定。

（六）行政机关要严格依照《中华人民共和国保守国家秘密法》及其实施办法等相关规定，对拟公开的政府信息进行保密审查。凡属国家秘密或者公开后可能危及国家安全、公共安全、经济安全和社会稳定的政府信息，不得公开。

（七）对主要内容需要公众广泛知晓或参与，但其中部分内容涉及国家秘密的政府信息，应经法定程序解密并删除涉密内容后，予以公开。

（八）已经移交档案馆及档案工作机构的政府信息的管理，依照有关档案管理的法律、行政法规和国家有关规定执行。

四、关于主动公开政府信息问题

（九）各级行政机关特别是国务院各部门（单位）、各省（区、市）人民政府及其部门（单位）要建立健全政府信息主动公开机制，增强工作的主动性和实效性。要充分利用政府网站、政府公报等各种便于公众知晓的方式，及时公开政府信息，并逐步完善政府信息公开目录及网上查询功能，为公众提供优质服务。

（十）因政府机构改革不再保留的部门（单位）的政府信息公开工作，由继续履行其职能的部门（单位）负责。

五、关于依申请公开政府信息问题

（十一）国务院各部门（单位）和地方各级人民政府及其部门（单位）要切实做好依申请公开政府信息的工作。要采取多种方式，方便公民、法人和其他组织申请公开政府信息。特别是设区的市级人民政府及其部门（单位）、县级人民政府及其部门（单位）、乡（镇）人民政府，直接面向基层群众，要充分利用现有的行政服务大厅、行政服务中心等行政服务场所，或者设立专门的接待窗口和场所，为人民群众提供便利，确保政府信息公开申请得到及时、妥善处理。省（区、市）人民政府、国务院各部门（单位）在做好本行政机关依申请公开政府信息工作的同时，要加强对下级政府和部门（单位）的指导。国务院办公厅不直接受理公民、法人和其他组织提出的政府信息公开申请。

（十二）行政机关要按照条例规定的时限及时答复申请公开政府信息的当事人。同时，对于可以公开的政府信息，能够在答复时提供具体内容的，要同时提供；不能同时提供的，要确定并告知申请人提供的期限。在条例正式施行后，如一段时间内出现大量申请公开政府信息的情况，行政机关难以按照条例规定期限答复的，要及时向申请人说明并尽快答复。

（十三）对于同一申请人向同一行政机关就同一内容反复提出公开申请的，行政机关可以不重复答复。

（十四）行政机关对申请人申请公开与本人生产、生活、科研等特殊需要无关的政府信息，可以不予提供；对申请人申请的政府信息，如公开可能危及国家安全、公共安全、经济安全和社会稳定，按规定不予提供，可告知申请人不属于政府信息公开的范围。

六、关于监督保障问题

（十五）国务院各部门（单位）和地方各级人民政府要抓紧制订完善政府信息公开工作考核办法，明确考核的原则、内容、标准、程序和方式。要建立社会评议制度，把政府信息公开工作纳入社会评议政风、行风的范围，并根据评议结果完善制度、改进工作。

（十六）国务院各部门（单位）和地方各级人民政府及其部门（单位）要建立健全分层级受理举报的制度，及时研究解决政府信息公开工作中反映出来的问题。公民、法人或者其他组织认为行政机关不依法履行政府信息公开义务的，可向本级监察机关、政府信息公开工作主管部门举报；对本级监察机关和政府信息公开工作主管部门的处理不满意的，可向上一级业务主管部门、监察机关或者政府信息公开工作主管部门举报。

（十七）国务院各部门（单位）和地方各级人民政府要按照《国务院办公厅关于做好施行〈中华人民共和国政府信息公开条例〉准备工作的通知》（国办发〔2007〕54号）的要求，落实业务经费，加强队伍建设。

（十八）国务院各部门（单位）和地方各级人民政府可以根据条例的规定，结合本部门（单位）、本地区的实际情况，制定施行条例的具体办法，保证条例的各项规定得到落实。

七、关于公共企事业单位的信息公开工作

（十九）国务院有关主管部门（单位）要按照条例的要求，把公共企事业单位的信息公开纳入本部门（单位）信息公开工作的总体部署，在2008年10月底前制定具体的实施办法，积极推动公共企事业单位的信息公开工作。同时，要加强对各省（区、市）人民政府有关部门的工作指导，把公共企事业单位信息公开工作全面推向深入。

（二十）公共企事业单位要以涉及人民群众切身利益、社会普遍关心的内容为重点，切实做好信息公开工作。要创新公开形式，拓展公开渠道，完善公开制度，全面提高公开工作水平。

国务院办公厅关于做好政府信息依申请公开工作的意见

（2010年1月12日　国办发〔2010〕5号）

自2008年5月1日《中华人民共和国政府信息公开条例》（以下简称《条例》）施行以来，各地区、各部门在受理依申请公开政府信息过程中遇到一些新的情况。根据有关法律法规政策和工作实践，现提出以下意见。

一、准确把握《条例》第十三条内涵

《条例》的立法本意是为了保障公民、法人和其他组织依法获取政府信息，提高政府工作透明度，促进依法行政，充分发挥政府信息对人民群众生产、生活和经济社会活动的服务作用。公开政府信息应当遵循公正、公平、便民的原则。

为此，《条例》第九条明确了政府信息主动公开的4项基本要求，第十条、第十一条规定了县级以上人民政府及其部门应当重点主动公开的15类政府信息；第十二条还规定了乡（镇）人民政府应当重点主动公开的8类政府信息。《条例》还设置了依申请公开制度，以满足公民、法人或者其他组织自身生产、生活、科研等特殊需要。为规范依申请公开工作，《国务院办公厅关于施行中华人民共和国政府信息公开条例若干问题的意见》（国办发〔2008〕36号）第十四条规定，行政机关对申请人申请公开与本人生产、生活、科研等特殊需要无关的政府信息，可以不予提供；对申请人申请的政府信息，如公开可能危及国家安全、公共安全、经济安全和社会稳定，按规定不予提供，可告知申请人不属于政府信息公开的范围。

二、准确把握政府信息的适用范畴

《条例》所称政府信息，是指行政机关在履行职责过程中制作或者获取的，以一定形式记录、保存的信息。

行政机关向申请人提供的政府信息，应当是正式、准确、完整的，申请人可以在生产、生活和科研中正式使用，也可以在诉讼或行政程序中作为书证使用。因此，行政机关在日常工作中制作或者获取的内部管理信息以及处于讨论、研究或者审查中的过程性信息，一般不属于《条例》所指应公开的政府信息。

行政机关向申请人提供的政府信息，应当是现有的，一般不需要行政机关汇总、加工或重新制作（作区分处理的除外）。依据《条例》精神，行政机关一般不承担为申请人汇总、加工或重新制作政府信息，以及向其他行政机关和公民、法人或者其他组织搜集信息的义务。

三、明确“一事一申请”原则

在实际工作中，有时会遇到一个申请要求公开分属多个行政机关制作或保存的政府信息，有的申请公开的信息类别和项目繁多，受理机关既不能如需提供，又难以一一指明哪条信息不存在，哪条信息属于哪个行政机关公开，影响了办理时效。为提高工作效率，方便申请人尽快获取所申请公开的信息，对一些要求公开项目较多的申请，受理机关可要求申请人按照“一事一申请”原则对申请方式加以调整：即一个政府信息公开申请只对应一个政府信息项目。

同时，对将申请公开的政府信息拆分过细的情况，即申请人就一个具体事项向同一行政机关提出多个内容相近的信息公开申请，行政机关需要对现有的信息进行拆分处理才能答复，受理机关可要求申请人对所提申请作适当归并处理。

四、妥善处理研究课题类申请

对于要求行政机关为其大范围提供课题研究所需资料、数据的申请，因其不同于《条例》规定一般意义上的申请，且在一定程度上超出了设置依申请公开的立法本意，行政机关可要求申请人对其申请方式作出调整：

对于课题研究所需政府信息，若已经主动公开的，可告知申请人通过政府网站、政府公报、部门统计年鉴、相关公开出版物和档案馆、图书馆信息查阅点等渠道自行查阅。

通过主动公开渠道确实难以获取的政府信息，申请人可按照“一事一申请”的方式，向相关行政机关分别提出申请。

五、加大政府信息主动公开工作力度

政府信息主动公开和依申请公开是《条例》规定的我国政府信息公开的两种基本方式，二者相辅相成。全面、及时、准确地主动公开政府信息，可以大大减少依申请公开数量。各地区、各部门都应加大政府信息主动公开工作力度，增强主动性、权威性和实效性。凡是《条例》规定应该公开、能够公开的事项，都应及时、全面、主动公开。各部门要细化本系统政府信息公开目录和范围，抓紧对本系统所涉政府信息哪些可以公开，哪些可部分公开，提出明确的指导意见，供本系统各单位依循。

在受理依申请公开政府信息过程中，对于需要或者可以让社会广泛知晓的政府信息，行政机关应在答复申请人的同时，通过政府网站等渠道主动公开，尽量避免将公共性政府信息只向个别申请人公开，以减少对同一政府信息的一再申请，节约行政成本，提高工作效率。

六、改进依申请公开政府信息服务

各地区、各部门要进一步拓宽受理渠道，为申请人提供便捷的依申请公开服务。进一步完善申请的受理、审查、处理、答复程序，有关记录应当保存备查。对于申请事项不属于政府信息公开工作范畴或无法按申请提供政府信息的，应主动与申请人沟通，尽量取得申请人的理解。在答复申请时，要依法有据、严谨规范、慎重稳妥。

七、加强、完善保密审查和协调会商

要进一步完善政府信息公开保密审查机制，规范审查程序，落实审查责任。遇到情况复杂或者可能涉及国家安全、公共安全、经济安全和社会稳定的申请，应加强相关部门间的协调会商，依据有关法律法规，对申请是否有效、信息是否应该公开、公开后可能带来的影响等进行综合分析，研究提出处理意见。

各地区、各部门要在实践中积极探索，积累经验，完善规章制度，积极稳妥推进政府信息公开工作。

国务院办公厅政府信息与政务公开办公室关于机构改革后政府信息公开申请办理问题的解释

（2019年2月2日　国办公开办函〔2019〕14号）

广东省人民政府办公厅：

《关于请求明确依申请公开相关事宜处理方式的函》（粤办函〔2019〕4号）收悉。经研究并征求司法部、国家档案局、最高人民法院等单位意见，现函复如下：

按照有关法律规定，行政机关职权发生变更的，由负责行使有关职权的行政机关承担相应的责任。根据《中华人民共和国政府信息公开条例》有关规定，政府信息公开申请应当按照“谁收到、谁处理”的原则办理。对于行政机关职权划转后的政府信息公开责任划分问题，提出如下处理意见：

第一，行政机关涉及职权划转的，应当尽快将相关政府信息一并划转。

第二，申请人向职权划出行政机关申请相关政府信息公开的，职权划出行政机关可在征求职权划入行政机关意见后作出相应处理，也可告知申请人向职权划入行政机关另行提出申请。

第三，申请人向职权划入行政机关申请相关政府信息公开的，职权划入行政机关应当严格依法办理，与职权划出行政机关做好衔接，不得以相关政府信息尚未划转为由拒绝。

第四，相关政府信息已经依法移交国家档案馆、成为国家档案的，按照《中华人民共和国档案法》及相关规定管理。对于相关政府信息公开申请，行政机关可以告知申请人按照档案法的规定办理。

第五，行政机关职权划入党的机关的，如果党的机关对外加挂行政机关牌子，相关信息公开事项以行政机关名义参照前述规定办理；如果党的机关没有对外加挂行政机关牌子，相关信息公开事项按照《中国共产党党务公开条例（试行）》办理。

国务院办公厅关于推进社会公益事业建设领域政府信息公开的意见

（2018年2月9日　国办发〔2018〕10号）

社会公益事业是增进民生福祉、惠及社会大众的事业，关系经济社会协调发展，对于保障和改善民生、促进社会和谐稳定、传承民族精神、引领社会风尚具有重要意义。近年来，我国社会公益事业建设取得显著成就，社会各界参与热情和关注度越来越高，但相关信息公开工作还存在不主动、不及时、不全面，面对公众关切解读引导不够等问题，一定程度上损害了社会公益事业的公信力和公平性。为进一步推动社会公益事业建设领域政府信息公开工作，推进国家治理体系和治理能力现代化，经国务院同意，现提出以下意见。

一、总体要求

（一）指导思想。全面贯彻党的十九大精神，坚持以习近平新时代中国特色社会主义思想为指导，按照党中央、国务院关于全面推进政务公开工作的部署和要求，准确把握社会公益事业建设规律和特点，进一步加大信息公开力度，明确公开重点，细化公开内容，增强公开实效，不断提升社会公益事业的透明度，让人民群众享有更多的获得感、幸福感、安全感，增强对党和政府的信任。

（二）基本原则。坚持依法依规，除法律法规有禁止性规定的外，社会公益事业建设领域政府信息都应当主动全面予以公开。坚持突出重点，围绕人民群众最关心最直接最现实的利益问题，明确相关信息公开的主体、内容、标准、方式、程序。坚持高效便民，面向基层，贴近群众，运用多种方式发布信息、解读政策、加强引导，便于群众知晓、理解和监督。坚持问题导向，以公开促规范、促服务、促治理，推动共建共治共享，促进社会公益事业健康有序发展。

（三）工作目标。经过3年左右的努力，公开内容覆盖社会公益事业建设各领域、各环节，公开工作制度化、规范化、标准化水平显著提高，社会公益事业透明度明显提升，社会公益资源配置更加公平公正，社会公益事业公益属性得到更好体现，全社会关心公益、支持公益、参与公益的氛围更加浓厚。

二、明确公开内容

（一）公开决策信息。加大社会公益事业建设领域重大决策公开力度，对群众利益影响直接、社会关注度高的重要改革方案、重大政策措施、重点建设项目等，要广泛征求意见并将各方面合理意见体现到决策中，结合实际尽可能把意见采纳情况予以公开。提升社会公益事业建设领域重大决策公开实效，公开前要认真评估公开的效果，避免引发不必要的攀比、炒作，公开后要认真对待并依法处理公众提出的相关意见。

（二）公开管理和服务信息。重点公开从事社会公益事业的公共企事业单位、社会组织名录，设立、变更、注销登记等审批信息，年检年报、评估检查、奖励处罚等管理信息。全面公开基本公共服务的项目清单、服务指南、服务标准、保障措施，及时准确公开政府购买公共服务、政府和社会资本合作提供公共服务等信息。推动公开城乡社区公共服务设施建设，财政资金直接投入和购买社区公共服务，社区公共服务项目、对象、办理流程、责任部门、供给状况和绩效评估等信息。

（三）公开执行和结果信息。加大党中央、国务院有关决策部署贯彻落实情况的公开力度，主动公开社会公益事业建设领域重要政策落实情况，尤其是国家面向困难群众的扶持、救助等政策落实情况和主要成效。深化社会公益事业建设资金分配和使用情况公开，准确记录资金的具体流向并向社会公开。加大彩票公益金使用规模、资助项目、执行情况和实际效果等信息的公开力度。鼓励开展社会公益事业建设评估，科学评价政策落实效果，及时公开评估结果。

三、突出公开重点

地方各级政府和国务院有关部门要以社会高度关注、公益色彩浓厚的社会公益事业为重点，着力推进脱贫攻坚、社会救助和社会福利、教育、基本医疗卫生、环境保护、灾害事故救援、公共文化体育等领域政府信息公开。同时要根据区域、行业特点，进一步明确本地区、本行业应重点公开的其他社会公益事业建设领域政府信息，不断扩大信息公开范围。

（一）脱贫攻坚领域。围绕“扶持谁、谁来扶、怎么扶、如何退”，进一步做好精准扶贫、精准脱贫信息公开工作。及时向社会公开扶贫政策，扶贫规划，扶贫项目名称、资金来源、实施期限、预期目标、实施结果、实施单位及责任人、举报电话、检查验收结果等信息，向特定区域特定群体公开贫困识别、贫困退出、扶贫资金分配和使用情况、帮扶责任人、扶贫成效等信息。注重运用技术手段实现公开的信息可检索、可核查、可利用，为社会各界参与脱贫攻坚事业提供服务，方便人民群众监督。

（二）社会救助和社会福利领域。重点围绕城乡低保、特困人员救助供养、受灾人员救助、医疗救助、教育救助、住房救助、就业救助、临时救助、老年人福利、残疾人福利、儿童福利、孤儿基本生活保障、计划生育特殊困难家庭扶助等事项，全面公开救助对象认定、救助标准，福利补贴申领及申请审批程序等相关政策，有针对性地公开救助款物的管理使用、福利补贴发放等情况。公开方式方法要因地制宜、因事制宜，既确保公开实效、维护底线公平，又保护好相关人员个人隐私。

（三）教育领域。立足办好人民满意的教育，进一步加大教育信息公开力度，重点做好义务教育、学前教育、特殊教育、职业教育、高等教育等方面的信息公开。紧扣利益关系直接、现实矛盾突出的事项，重点公开相关政策、发展规划、经费投入和使用、困难学生资助实施情况等信息。做好义务教育控辍保学、县域义务教育均衡发展等工作进展情况的公开。推动民办学校办学资质、办学质量、招生范围和收费等信息公开。

（四）基本医疗卫生领域。保障好人民群众对公共医疗卫生的知情权，重点公开重大疾病预防控制、国家免疫规划、突发公共卫生事件、传染病疫情及防控等信息。大力开展健康科普，针对妇女、未成年人、老年人等重点人群和农村、工矿企业等重点区域，开展专项健康科普，用现代医学知识为人民群众提供健康服务。进一步做好疾病应急救助、健康扶贫政策落实情况公开工作。探索利用信息公开手段加强卫生监督。深化食品安全信息公开，完善推广企业“黑名单”制度，让违法者寸步难行，让人民吃得放心。

（五）环境保护领域。进一步做好社会广泛关注的大气污染防治、水污染防治、土壤污染管控和修复等信息的公开工作。重点公开环境污染防治和生态保护政策措施、实施效果，污染源监测及减排，建设项目环境影响评价审批，重大环境污染和生态破坏事件调查处理，环境保护执法监管、投诉处理等信息。及时发布大范围重污染天气预警提示信息，统筹做好重污染天气期间信息发布、舆情引导等工作。健全环保信息强制性披露制度。

（六）灾害事故救援领域。准确及时发布自然灾害、重大事故灾难、公共卫生事件等突发事件的应急处置与救援、医疗救护与卫生防疫、次生灾害预警防范等工作情况及动态信息。及时发布灾害救助需求信息，推动做好救助款物和捐赠款物的数量、使用情况，救助对象及其接受救助款物数额，灾后恢复重建工作进展等信息的公开工作。

（七）公共文化体育领域。立足公共文化体育服务的公益性均等性便利性，大力推进公共文化体育的服务保障政策、服务体系建设、财政资金投入和使用、设施建设和使用，政府购买公共文化体育服务的目录、绩效评价结果等信息公开。公开文化遗产保护、公共文化体育设施名录、公益性文化服务活动、公益性体育赛事和活动、受捐款物管理使用等情况。

地方各级政府和国务院有关部门要按照各自职责权限，加强分类指导，建立健全长效机制，推动有关公共企事业单位、慈善组织如实公开社会公益事业信息。国务院教育、环境保护、文化、卫生计生等主管部门和其他有关部门要在2018年底前建立完善本部门监管的公共企事业单位信息公开制度，国务院民政部门要尽快制定出台慈善组织信息公开办法，不断提升社会公益事业建设领域政府信息公开的制度化规范化水平。

四、增强公开实效

（一）扩大公开范围。地方各级政府和国务院有关部门要梳理细化本地区、本部门社会公益事业建设领域应当公开的事项，主动、全面、及时公开相关政府信息。加强基层政务公开标准化规范化建设，探索形成符合基层实际的社会公益事业建设领域政府信息公开标准和规范。对公民、法人或者其他组织提出的社会公益事业建设领域政府信息公开申请，行政机关要按照《中华人民共和国政府信息公开条例》的规定认真办理，最大限度满足公众的信息需求。

（二）完善公开方式。要充分发挥政府网站、政务服务平台的优势，按照内容权威、格式规范、体例统一的要求，集中发布相关政府信息，归集展示公共企事业单位、社会组织发布的相关信息，便于公众查询利用。稳妥推进社会公益事业建设领域信息共享和数据开放，为部门间核对和社会开发利用提供条件。针对社会公益事业主要服务基层和特定群体的特点，灵活运用政务新媒体、新闻媒体、手机短信、公告栏、宣传手册、政务服务平台等多种载体和方式，定向发布，精准推送，提升信息覆盖面、到达率，确保人民群众看得到、看得懂。

（三）加强解读引导。要高度重视社会公益事业建设领域政策的解读和引导工作。对于出台的相关政策措施，注重更多运用客观事实进行解读，及时准确传递政策意图，赢得人民群众的理解和信任。对于敏感事项和存在地区、领域差异的相关政策，公开时要及时把政策解释清楚，避免误解误读。加强对社会公益事业建设领域热点舆情的预判、跟踪和处置，进一步提高对社会关切事项引导的针对性和时效性。要指导和监督从事社会公益事业的公共企事业单位、社会组织做好相关舆情处置工作，确保不失声、不缺位。

五、强化保障措施

（一）抓好组织实施。各地区各部门要充分认识推进社会公益事业建设领域政府信息公开的重要性，切实增强公开意识和服务意识，结合全面推进政务公开做好统筹谋划，形成常态化机制，务求取得实效。地方各级政府办公厅（室）要加强组织协调，会同本级政府有关部门提出具体措施，明确分工，压实责任，确保各项任务落到实处。

（二）开展考核评估。地方各级政府要把社会公益事业建设领域政府信息公开情况纳入政务公开工作绩效考核范围，加大督促落实力度。各有关部门可以根据工作需要，对所监管的公共企事业单位、慈善组织信息公开工作情况组织开展评估，公开评估结果。畅通群众投诉举报渠道，探索建立政府信息公开社会监督员制度，强化对社会公益事业建设领域政府信息公开工作的社会监督。

（三）强化监督问责。地方各级政府和国务院有关部门要加强对本地区本行业社会公益事业建设领域政府信息公开情况的监督检查。完善工作措施，强化激励约束，建立监督检查情况定期通报制度，对信息公开工作落实好的，予以通报表扬；对落实不到位的，予以通报批评；对违反有关规定、不履行公开义务并造成严重影响的，依法依规追究相关单位和人员的责任。

国务院办公厅关于推进公共资源配置领域政府信息公开的意见

（2017 年 12 月 19 日　国办发〔2017〕97 号）

按照党中央、国务院决策部署和《中共中央办公厅 国务院办公厅印发〈关于全面推进政务公开工作的意见〉的通知》等文件要求，为进一步推进公共资源配置领域政府信息公开，经国务院同意，现提出如下意见。

一、指导思想

全面贯彻党的十九大精神，坚持以习近平新时代中国特色社会主义思想为指导，统筹推进“五位一体”总体布局和协调推进“四个全面”战略布局，牢固树立和贯彻落实创新、协调、绿色、开放、共享的发展理念，不断推进国家治理体系和治理能力现代化，按照党中央、国务院关于全面推进政务公开工作的重要部署要求，推进公共资源配置决策、执行、管理、服务、结果公开，扩大公众监督，增强公开实效，努力实现公共资源配置全流程透明化，不断提高公共资源使用效益，维护企业和群众合法权益，为稳增长、促改革、调结构、惠民生、防风险作出贡献，促进经济社会持续健康发展。

二、主要任务

本意见所称公共资源配置，主要包括保障性安居工程建设、保障性住房分配、国有土地使用权和矿业权出让、政府采购、国有产权交易、工程建设项目招标投标等社会关注度高，具有公有性、公益性，对经济社会发展、民生改善有直接、广泛和重要影响的公共资源分配事项。各地区、各部门要根据区域、行业特点，进一步明确本地区、本行业公共资源配置信息公开范围，细化公开事项、内容、时限、方式、责任主体、监督渠道等，纳入主动公开目录清单。

（一）突出公开重点。

1. 住房保障领域。在项目建设方面，主要公开城镇保障性安居工程规划建设方案、年度建设计划信息（包括建设计划任务量、计划项目信息、计划户型）、建设计划完成情况信息（包括计划任务完成进度、已开工项目基本信息、已竣工项目基本信息、配套设施建设情况）、农村危房改造相关政策措施执行情况信息（包括农村危房改造政策、对象认定过程、补助资金分配、改造结果）；在住房分配方面，主要公开保障性住房分配政策、分配对象、分配房源、分配程序、分配过程、分配结果等信息。

2. 国有土地使用权出让领域。主要公开土地供应计划、出让公告、成交公示、供应结果等信息。

3. 矿业权出让领域。主要公开出让公告公示、审批结果信息、项目信息等信息。

4. 政府采购领域。主要公开采购项目公告、采购文件、采购项目预算金额、采购结果、采购合同等采购项目信息，财政部门作出的投诉和监督检查等处理决定、对集中采购机构的考核结果，违法失信行为记录等监督处罚信息。

5. 国有产权交易领域。除涉及商业秘密外，主要公开产权交易决策及批准信息、交易项目信息、转让价格、交易价格、相关中介机构审计结果等信息。

6. 工程建设项目招标投标领域。主要公开依法必须招标项目的审批核准备案信息、市场主体信用等信息。除涉及国家秘密、商业秘密外，招标公告（包括招标条件、项目概况与招标范围、投标人资格要求、招标文件获取、投标文件递交等）、中标候选人（包括中标候选人排序、名称、投标报价、工期、评标情况、项目负责人、个人业绩、有关证书及编号、中标候选人在投标文件中填报的资格能力条件、提出异议的渠道和方式等）、中标结果、合同订立及履行等信息都应向社会公布。

（二）明确公开主体。

按照“谁批准、谁公开，谁实施、谁公开，谁制作、谁公开”的原则，公共资源配置涉及行政审批的批准结果信息由审批部门负责公开；公共资源项目基本信息、配置（交易）过程信息、中标（成交）信息、合同履约信息由管理或实施公共资源配置的国家机关、企事业单位按照掌握信息的情况分别公开。此外，探索建立公共资源配置“黑名单”制度，逐步把骗取公共资源等不良行为的信息纳入“黑名单”，相关信息由负责管理的部门分别公开。

（三）拓宽公开渠道。

充分发挥政府网站第一平台作用，及时发布公共资源配置领域各类信息，畅通依申请公开渠道。积极利用政务微博微信、新闻媒体、政务客户端等拓宽信息公开渠道，开展在线服务，提升用户体验。构建以全国公共资源交易平台为枢纽的公共资源交易数据共享平台体系，推动实现公共资源配置全流程透明化，各类依法应当公开的公共资源交易公告、资格审查结果、交易过程信息、成交信息、履约信息以及有关变更信息等在指定媒介发布后，要与相应的公共资源交易平台实现信息共享，并实时交互至全国公共资源交易平台汇总发布。公共资源配置领域的信用信息要同时交互至全国信用信息共享平台，并依托“信用中国”网站及时予以公开。要把公共资源交易平台与其他政务信息系统进行整合共享，实现公共资源配置信息与其他政务信息资源共享衔接。

（四）强化公开时效。

坚持以公开为常态、不公开为例外，公共资源配置过程中产生的政府信息，除涉及国家秘密、商业秘密等内容外，应依法及时予以公开。确定为主动公开的信息，除法律法规另有规定外，要严格按照《中华人民共和国政府信息公开条例》规定，自政府信息形成或变更之日起20个工作日内予以公开，行政许可、行政处罚事项应自作出行政决定之日起7个工作日内上网公开。对于政府信息公开申请，要严格按照法定时限和理由予以答复。

三、保障措施

（一）强化组织领导。

各级政府和有关部门要高度重视公共资源配置领域的政府信息公开工作，加强组织领导，狠抓任务落实，以此作为深化政务公开工作的有效抓手。各级政府要建立健全协调机制，明确分工，夯实责任，政府办公厅（室）作为组织协调部门，要会同发展改革、工业和信息化、财政、国土资源、环保、住房城乡建设、交通运输、水利、农业、商务、卫生计生、审计、国有资产监督管理、税务、林业、铁路、民航等部门以及公共资源交易相关监管机构，提出明确工作目标和具体工作安排，认真组织实施并做好政务舆情监测和回应，确保任务逐项得到落实。

（二）加强监督检查。

各级政府要定期对公共资源配置领域政府信息公开工作进行检查，主要包括政府信息公开情况、公开时效、交易平台掌握信息报送和公开情况等。各有关部门每年要将本领域工作进展情况报同级政务公开主管部门，并在政府信息公开年度报告中公布，接受社会公众、新闻媒体的监督。

（三）做好考核评估。

地方各级政府要按照政务公开工作绩效考核相关规定，把公共资源配置领域政府信息公开工作纳入政务公开工作绩效考核范围，加大考核力度，并探索引入第三方评估机制，推动工作有效开展。建立健全激励约束机制，对未按照相关规定和要求履行公开职责的，要通报批评，并在年度考核中予以体现；对工作成效突出的，给予通报表扬。

中华人民共和国保守国家秘密法

（1988年9月5日第七届全国人民代表大会常务委员会第三次会议通过　2010年4月29日第十一届全国人民代表大会常务委员会第十四次会议第一次修订　2024年2月27日第十四届全国人民代表大会常务委员会第八次会议第二次修订　2024年2月27日中华人民共和国主席令第20号公布　自2024年5月1日起施行）

第一章　总　　则

第一条　为了保守国家秘密，维护国家安全和利益，保障改革开放和社会主义现代化建设事业的顺利进行，根据宪法，制定本法。

第二条　国家秘密是关系国家安全和利益，依照法定程序确定，在一定时间内只限一定范围的人员知悉的事项。

第三条　坚持中国共产党对保守国家秘密（以下简称保密）工作的领导。中央保密工作领导机构领导全国保密工作，研究制定、指导实施国家保密工作战略和重大方针政策，统筹协调国家保密重大事项和重要工作，推进国家保密法治建设。

第四条　保密工作坚持总体国家安全观，遵循党管保密、依法管理，积极防范、突出重点，技管并重、创新发展的原则，既确保国家秘密安全，又便利信息资源合理利用。

法律、行政法规规定公开的事项，应当依法公开。

第五条 国家秘密受法律保护。

一切国家机关和武装力量、各政党和各人民团体、企业事业组织和其他社会组织以及公民都有保密的义务。

任何危害国家秘密安全的行为，都必须受到法律追究。

第六条 国家保密行政管理部门主管全国的保密工作。县级以上地方各级保密行政管理部门主管本行政区域的保密工作。

第七条 国家机关和涉及国家秘密的单位（以下简称机关、单位）管理本机关和本单位的保密工作。

中央国家机关在其职权范围内管理或者指导本系统的保密工作。

第八条 机关、单位应当实行保密工作责任制，依法设置保密工作机构或者指定专人负责保密工作，健全保密管理制度，完善保密防护措施，开展保密宣传教育，加强保密监督检查。

第九条 国家采取多种形式加强保密宣传教育，将保密教育纳入国民教育体系和公务员教育培训体系，鼓励大众传播媒介面向社会进行保密宣传教育，普及保密知识，宣传保密法治，增强全社会的保密意识。

第十条 国家鼓励和支持保密科学技术研究和应用，提升自主创新能力，依法保护保密领域的知识产权。

第十一条 县级以上人民政府应当将保密工作纳入本级国民经济和社会发展规划，所需经费列入本级预算。

机关、单位开展保密工作所需经费应当列入本机关、本单位年度预算或者年度收支计划。

第十二条 国家加强保密人才培养和队伍建设，完善相关激励保障机制。

对在保守、保护国家秘密工作中做出突出贡献的组织和个人，按照国家有关规定给予表彰和奖励。

第二章　国家秘密的范围和密级

第十三条　下列涉及国家安全和利益的事项，泄露后可能损害国家在政治、经济、国防、外交等领域的安全和利益的，应当确定为国家秘密：

（一）国家事务重大决策中的秘密事项；

（二）国防建设和武装力量活动中的秘密事项；

（三）外交和外事活动中的秘密事项以及对外承担保密义务的秘密事项；

（四）国民经济和社会发展中的秘密事项；

（五）科学技术中的秘密事项；

（六）维护国家安全活动和追查刑事犯罪中的秘密事项；

（七）经国家保密行政管理部门确定的其他秘密事项。

政党的秘密事项中符合前款规定的，属于国家秘密。

第十四条　国家秘密的密级分为绝密、机密、秘密三级。

绝密级国家秘密是最重要的国家秘密，泄露会使国家安全和利益遭受特别严重的损害；机密级国家秘密是重要的国家秘密，泄露会使国家安全和利益遭受严重的损害；秘密级国家秘密是一般的国家秘密，泄露会使国家安全和利益遭受损害。

第十五条　国家秘密及其密级的具体范围（以下简称保密事项范围），由国家保密行政管理部门单独或者会同有关中央国家机关规定。

军事方面的保密事项范围，由中央军事委员会规定。

保密事项范围的确定应当遵循必要、合理原则，科学论证评估，并根据情况变化及时调整。保密事项范围的规定应当在有关范围内公布。

第十六条　机关、单位主要负责人及其指定的人员为定密责任人，负责本机关、本单位的国家秘密确定、变更和解除工作。

机关、单位确定、变更和解除本机关、本单位的国家秘密，应当由承办人提出具体意见，经定密责任人审核批准。

第十七条 确定国家秘密的密级，应当遵守定密权限。

中央国家机关、省级机关及其授权的机关、单位可以确定绝密级、机密级和秘密级国家秘密；设区的市级机关及其授权的机关、单位可以确定机密级和秘密级国家秘密；特殊情况下无法按照上述规定授权定密的，国家保密行政管理部门或者省、自治区、直辖市保密行政管理部门可以授予机关、单位定密权限。具体的定密权限、授权范围由国家保密行政管理部门规定。

下级机关、单位认为本机关、本单位产生的有关定密事项属于上级机关、单位的定密权限，应当先行采取保密措施，并立即报请上级机关、单位确定；没有上级机关、单位的，应当立即提请有相应定密权限的业务主管部门或者保密行政管理部门确定。

公安机关、国家安全机关在其工作范围内按照规定的权限确定国家秘密的密级。

第十八条 机关、单位执行上级确定的国家秘密事项或者办理其他机关、单位确定的国家秘密事项，需要派生定密的，应当根据所执行、办理的国家秘密事项的密级确定。

第十九条 机关、单位对所产生的国家秘密事项，应当按照保密事项范围的规定确定密级，同时确定保密期限和知悉范围；有条件的可以标注密点。

第二十条 国家秘密的保密期限，应当根据事项的性质和特点，按照维护国家安全和利益的需要，限定在必要的期限内；不能确定期限的，应当确定解密的条件。

国家秘密的保密期限，除另有规定外，绝密级不超过三十年，机密级不超过二十年，秘密级不超过十年。

机关、单位应当根据工作需要，确定具体的保密期限、解密时间或者解密条件。

机关、单位对在决定和处理有关事项工作过程中确定需要保密的事项，根据工作需要决定公开的，正式公布时即视为解密。

第二十一条 国家秘密的知悉范围，应当根据工作需要限定在最小范围。

国家秘密的知悉范围能够限定到具体人员的，限定到具体人员；不能限定到具体人员的，限定到机关、单位，由该机关、单位限定到具体人员。

国家秘密的知悉范围以外的人员，因工作需要知悉国家秘密的，应当经过机关、单位主要负责人或者其指定的人员批准。原定密机关、单位对扩大国家秘密的知悉范围有明确规定的，应当遵守其规定。

第二十二条 机关、单位对承载国家秘密的纸介质、光介质、电磁介质等载体（以下简称国家秘密载体）以及属于国家秘密的设备、产品，应当作出国家秘密标志。

涉及国家秘密的电子文件应当按照国家有关规定作出国家秘密标志。

不属于国家秘密的，不得作出国家秘密标志。

第二十三条 国家秘密的密级、保密期限和知悉范围，应当根据情况变化及时变更。国家秘密的密级、保密期限和知悉范围的变更，由原定密机关、单位决定，也可以由其上级机关决定。

国家秘密的密级、保密期限和知悉范围变更的，应当及时书面通知知悉范围内的机关、单位或者人员。

第二十四条 机关、单位应当每年审核所确定的国家秘密。

国家秘密的保密期限已满的，自行解密。在保密期限内因保密事项范围调整不再作为国家秘密，或者公开后不会损害国家安全和利益，不需要继续保密的，应当及时解密；需要延长保密期限的，应当在原保密期限届满前重新确定密级、保密期限和知悉范围。提前解密或者延长保密期限的，由原定密机关、单位决定，也可以由其上级机关决定。

第二十五条 机关、单位对是否属于国家秘密或者属于何种密级不明确或者有争议的，由国家保密行政管理部门或者省、自治区、直辖市保密行政管理部门按照国家保密规定确定。

第三章 保 密 制 度

第二十六条 国家秘密载体的制作、收发、传递、使用、复制、保存、维修和销毁，应当符合国家保密规定。

绝密级国家秘密载体应当在符合国家保密标准的设施、设备中保存，并指定专人管理；未经原定密机关、单位或者其上级机关批准，不得复制和摘抄；收发、传递和外出携带，应当指定人员负责，并采取必要的安全措施。

第二十七条 属于国家秘密的设备、产品的研制、生产、运输、使用、保存、维修和销毁，应当符合国家保密规定。

第二十八条 机关、单位应当加强对国家秘密载体的管理，任何组织和个人不得有下列行为：

（一）非法获取、持有国家秘密载体；

（二）买卖、转送或者私自销毁国家秘密载体；

（三）通过普通邮政、快递等无保密措施的渠道传递国家秘密载体；

（四）寄递、托运国家秘密载体出境；

（五）未经有关主管部门批准，携带、传递国家秘密载体出境；

（六）其他违反国家秘密载体保密规定的行为。

第二十九条 禁止非法复制、记录、存储国家秘密。

禁止未按照国家保密规定和标准采取有效保密措施，在互联网及其他公共信息网络或者有线和无线通信中传递国家秘密。

禁止在私人交往和通信中涉及国家秘密。

第三十条 存储、处理国家秘密的计算机信息系统（以下简称涉密信息系统）按照涉密程度实行分级保护。

涉密信息系统应当按照国家保密规定和标准规划、建设、运行、维护，并配备保密设施、设备。保密设施、设备应当与涉密信息系统同步规划、同步建设、同步运行。

涉密信息系统应当按照规定，经检查合格后，方可投入使用，并定期开展风险评估。

第三十一条 机关、单位应当加强对信息系统、信息设备的保密管理，建设保密自监管设施，及时发现并处置安全保密风险隐患。任何组织和个人不得有下列行为：

（一）未按照国家保密规定和标准采取有效保密措施，将涉密信息系统、涉密信息设备接入互联网及其他公共信息网络；

（二）未按照国家保密规定和标准采取有效保密措施，在涉密信息系统、涉密信息设备与互联网及其他公共信息网络之间进行信息交换；

（三）使用非涉密信息系统、非涉密信息设备存储或者处理国家秘密；

（四）擅自卸载、修改涉密信息系统的安全技术程序、管理程序；

（五）将未经安全技术处理的退出使用的涉密信息设备赠送、出售、丢弃或者改作其他用途；

（六）其他违反信息系统、信息设备保密规定的行为。

第三十二条 用于保护国家秘密的安全保密产品和保密技术装备应当符合国家保密规定和标准。

国家建立安全保密产品和保密技术装备抽检、复检制度，由国家保密行政管理部门设立或者授权的机构进行检测。

第三十三条 报刊、图书、音像制品、电子出版物的编辑、出版、印制、发行，广播节目、电视节目、电影的制作和播放，网络信息的制作、复制、发布、传播，应当遵守国家保密规定。

第三十四条 网络运营者应当加强对其用户发布的信息的管理，配合监察机关、保密行政管理部门、公安机关、国家安全机关对涉嫌泄露国家秘密案件进行调查处理；发现利用互联网及其他公共信息网络发布的信息涉嫌泄露国家秘密的，应当立即停止传输该信息，保存有关记录，向保密行政管理部门或者公安机关、国家安全机关报告；应当根据保密行政管理部门或者公安机关、国家安全机关的要求，删除涉及泄露国家秘密的信息，并对有关设备进行技术处理。

第三十五条 机关、单位应当依法对拟公开的信息进行保密审查，遵守国家保密规定。

第三十六条 开展涉及国家秘密的数据处理活动及其安全监管应当符合国家保密规定。

国家保密行政管理部门和省、自治区、直辖市保密行政管理部门会同有关主管部门建立安全保密防控机制，采取安全保密防控措施，防范数据汇聚、关联引发的泄密风险。

机关、单位应当对汇聚、关联后属于国家秘密事项的数据依法加强安全管理。

第三十七条 机关、单位向境外或者向境外在中国境内设立的组织、机构提供国家秘密，任用、聘用的境外人员因工作需要知悉国家秘密的，按照国家有关规定办理。

第三十八条 举办会议或者其他活动涉及国家秘密的，主办单位应当采取保密措施，并对参加人员进行保密教育，提出具体保密要求。

第三十九条 机关、单位应当将涉及绝密级或者较多机密级、秘密级国家秘密的机构确定为保密要害部门，将集中制作、存放、保管国家秘密载体的专门场所确定为保密要害部位，按照国家保密规定和标准配备、使用必要的技术防护设施、设备。

第四十条 军事禁区、军事管理区和属于国家秘密不对外开放的其他场所、部位，应当采取保密措施，未经有关部门批准，不得擅自决定对外开放或者扩大开放范围。

涉密军事设施及其他重要涉密单位周边区域应当按照国家保密规定加强保密管理。

第四十一条 从事涉及国家秘密业务的企业事业单位，应当具备相应的保密管理能力，遵守国家保密规定。

从事国家秘密载体制作、复制、维修、销毁，涉密信息系统集成，武器装备科研生产，或者涉密军事设施建设等涉及国家秘密业务的企业事业单位，应当经过审查批准，取得保密资质。

第四十二条　采购涉及国家秘密的货物、服务的机关、单位，直接涉及国家秘密的工程建设、设计、施工、监理等单位，应当遵守国家保密规定。

机关、单位委托企业事业单位从事涉及国家秘密的业务，应当与其签订保密协议，提出保密要求，采取保密措施。

第四十三条　在涉密岗位工作的人员（以下简称涉密人员），按照涉密程度分为核心涉密人员、重要涉密人员和一般涉密人员，实行分类管理。

任用、聘用涉密人员应当按照国家有关规定进行审查。

涉密人员应当具有良好的政治素质和品行，经过保密教育培训，具备胜任涉密岗位的工作能力和保密知识技能，签订保密承诺书，严格遵守国家保密规定，承担保密责任。

涉密人员的合法权益受法律保护。对因保密原因合法权益受到影响和限制的涉密人员，按照国家有关规定给予相应待遇或者补偿。

第四十四条　机关、单位应当建立健全涉密人员管理制度，明确涉密人员的权利、岗位责任和要求，对涉密人员履行职责情况开展经常性的监督检查。

第四十五条　涉密人员出境应当经有关部门批准，有关机关认为涉密人员出境将对国家安全造成危害或者对国家利益造成重大损失的，不得批准出境。

第四十六条　涉密人员离岗离职应当遵守国家保密规定。机关、单位应当开展保密教育提醒，清退国家秘密载体，实行脱密期管理。涉密人员在脱密期内，不得违反规定就业和出境，不得以任何方式泄露国家秘密；脱密期结束后，应当遵守国家保密规定，对知悉的国家秘密继续履行保密义务。涉密人员严重违反离岗离职及脱密期国家保密规定的，机关、单位应当及时报告同级保密行政管理部门，由保密行政管理部门会同有关部门依法采取处置措施。

第四十七条 国家工作人员或者其他公民发现国家秘密已经泄露或者可能泄露时，应当立即采取补救措施并及时报告有关机关、单位。机关、单位接到报告后，应当立即作出处理，并及时向保密行政管理部门报告。

第四章 监督管理

第四十八条 国家保密行政管理部门依照法律、行政法规的规定，制定保密规章和国家保密标准。

第四十九条 保密行政管理部门依法组织开展保密宣传教育、保密检查、保密技术防护、保密违法案件调查处理工作，对保密工作进行指导和监督管理。

第五十条 保密行政管理部门发现国家秘密确定、变更或者解除不当的，应当及时通知有关机关、单位予以纠正。

第五十一条 保密行政管理部门依法对机关、单位遵守保密法律法规和相关制度的情况进行检查；涉嫌保密违法的，应当及时调查处理或者组织、督促有关机关、单位调查处理；涉嫌犯罪的，应当依法移送监察机关、司法机关处理。

对严重违反国家保密规定的涉密人员，保密行政管理部门应当建议有关机关、单位将其调离涉密岗位。

有关机关、单位和个人应当配合保密行政管理部门依法履行职责。

第五十二条 保密行政管理部门在保密检查和案件调查处理中，可以依法查阅有关材料、询问人员、记录情况，先行登记保存有关设施、设备、文件资料等；必要时，可以进行保密技术检测。

保密行政管理部门对保密检查和案件调查处理中发现的非法获取、

持有的国家秘密载体，应当予以收缴；发现存在泄露国家秘密隐患的，应当要求采取措施，限期整改；对存在泄露国家秘密隐患的设施、设备、场所，应当责令停止使用。

第五十三条 办理涉嫌泄露国家秘密案件的机关，需要对有关事项是否属于国家秘密、属于何种密级进行鉴定的，由国家保密行政管理部门或者省、自治区、直辖市保密行政管理部门鉴定。

第五十四条 机关、单位对违反国家保密规定的人员不依法给予处分的，保密行政管理部门应当建议纠正；对拒不纠正的，提请其上一级机关或者监察机关对该机关、单位负有责任的领导人员和直接责任人员依法予以处理。

第五十五条 设区的市级以上保密行政管理部门建立保密风险评估机制、监测预警制度、应急处置制度，会同有关部门开展信息收集、分析、通报工作。

第五十六条 保密协会等行业组织依照法律、行政法规的规定开展活动，推动行业自律，促进行业健康发展。

第五章 法律责任

第五十七条 违反本法规定，有下列情形之一，根据情节轻重，依法给予处分；有违法所得的，没收违法所得：

（一）非法获取、持有国家秘密载体的；

（二）买卖、转送或者私自销毁国家秘密载体的；

（三）通过普通邮政、快递等无保密措施的渠道传递国家秘密载体的；

（四）寄递、托运国家秘密载体出境，或者未经有关主管部门批准，携带、传递国家秘密载体出境的；

（五）非法复制、记录、存储国家秘密的；

（六）在私人交往和通信中涉及国家秘密的；

（七）未按照国家保密规定和标准采取有效保密措施，在互联网及其他公共信息网络或者有线和无线通信中传递国家秘密的；

（八）未按照国家保密规定和标准采取有效保密措施，将涉密信息系统、涉密信息设备接入互联网及其他公共信息网络的；

（九）未按照国家保密规定和标准采取有效保密措施，在涉密信息系统、涉密信息设备与互联网及其他公共信息网络之间进行信息交换的；

（十）使用非涉密信息系统、非涉密信息设备存储、处理国家秘密的；

（十一）擅自卸载、修改涉密信息系统的安全技术程序、管理程序的；

（十二）将未经安全技术处理的退出使用的涉密信息设备赠送、出售、丢弃或者改作其他用途的；

（十三）其他违反本法规定的情形。

有前款情形尚不构成犯罪，且不适用处分的人员，由保密行政管理部门督促其所在机关、单位予以处理。

第五十八条 机关、单位违反本法规定，发生重大泄露国家秘密案件的，依法对直接负责的主管人员和其他直接责任人员给予处分。不适用处分的人员，由保密行政管理部门督促其主管部门予以处理。

机关、单位违反本法规定，对应当定密的事项不定密，对不应当定密的事项定密，或者未履行解密审核责任，造成严重后果的，依法对直接负责的主管人员和其他直接责任人员给予处分。

第五十九条 网络运营者违反本法第三十四条规定的，由公安机关、国家安全机关、电信主管部门、保密行政管理部门按照各自职责分工依法予以处罚。

第六十条 取得保密资质的企业事业单位违反国家保密规定的，由保密行政管理部门责令限期整改，给予警告或者通报批评；有违法所得的，没收违法所得；情节严重的，暂停涉密业务、降低资质等级；

情节特别严重的，吊销保密资质。

未取得保密资质的企业事业单位违法从事本法第四十一条第二款规定的涉密业务的，由保密行政管理部门责令停止涉密业务，给予警告或者通报批评；有违法所得的，没收违法所得。

第六十一条 保密行政管理部门的工作人员在履行保密管理职责中滥用职权、玩忽职守、徇私舞弊的，依法给予处分。

第六十二条 违反本法规定，构成犯罪的，依法追究刑事责任。

第六章 附 则

第六十三条 中国人民解放军和中国人民武装警察部队开展保密工作的具体规定，由中央军事委员会根据本法制定。

第六十四条 机关、单位对履行职能过程中产生或者获取的不属于国家秘密但泄露后会造成一定不利影响的事项，适用工作秘密管理办法采取必要的保护措施。工作秘密管理办法另行规定。

第六十五条 本法自 2024 年 5 月 1 日起施行。

中华人民共和国行政许可法（节录）

（2003 年 8 月 27 日第十届全国人民代表大会常务委员会第四次会议通过 根据 2019 年 4 月 23 日第十三届全国人民代表大会常务委员会第十次会议《关于修改〈中华人民共和国建筑法〉等八部法律的决定》修正）

……

第三十条 行政机关应当将法律、法规、规章规定的有关行政许可的事项、依据、条件、数量、程序、期限以及需要提交的全部材料的目录和申请书示范文本等在办公场所公示。

申请人要求行政机关对公示内容予以说明、解释的，行政机关应当说明、解释，提供准确、可靠的信息。

……

第三十三条 行政机关应当建立和完善有关制度，推行电子政务，在行政机关的网站上公布行政许可事项，方便申请人采取数据电文等方式提出行政许可申请；应当与其他行政机关共享有关行政许可信息，提高办事效率。

……

中华人民共和国档案法（节录）

（1987年9月5日第六届全国人民代表大会常务委员会第二十二次会议通过　根据1996年7月5日第八届全国人民代表大会常务委员会第二十次会议《关于修改〈中华人民共和国档案法〉的决定》第一次修正　根据2016年11月7日第十二届全国人民代表大会常务委员会第二十四次会议《关于修改〈中华人民共和国对外贸易法〉等十二部法律的决定》第二次修正　2020年6月20日第十三届全国人民代表大会常务委员会第十九次会议修订　2020年6月20日中华人民共和国主席令第47号公布　自2021年1月1日起施行）

……

第四章　档案的利用和公布

第二十七条 县级以上各级档案馆的档案，应当自形成之日起满二十五年向社会开放。经济、教育、科技、文化等类档案，可以少于二十五年向社会开放；涉及国家安全或者重大利益以及其他到期不宜开放的档案，可以多于二十五年向社会开放。国家鼓励和支持其他档案馆向社会开放档案。档案开放的具体办法由国家档案主管部门制定，报国务院批准。

第二十八条 档案馆应当通过其网站或者其他方式定期公布开放档案的目录，不断完善利用规则，创新服务形式，强化服务功能，提高服务水平，积极为档案的利用创造条件，简化手续，提供便利。

单位和个人持有合法证明，可以利用已经开放的档案。档案馆不按规定开放利用的，单位和个人可以向档案主管部门投诉，接到投诉的档案主管部门应当及时调查处理并将处理结果告知投诉人。

利用档案涉及知识产权、个人信息的，应当遵守有关法律、行政法规的规定。

第二十九条 机关、团体、企业事业单位和其他组织以及公民根据经济建设、国防建设、教学科研和其他工作的需要，可以按照国家有关规定，利用档案馆未开放的档案以及有关机关、团体、企业事业单位和其他组织保存的档案。

第三十条 馆藏档案的开放审核，由档案馆会同档案形成单位或者移交单位共同负责。尚未移交进馆档案的开放审核，由档案形成单位或者保管单位负责，并在移交时附具意见。

第三十一条 向档案馆移交、捐献、寄存档案的单位和个人，可以优先利用该档案，并可以对档案中不宜向社会开放的部分提出限制利用的意见，档案馆应当予以支持，提供便利。

第三十二条 属于国家所有的档案，由国家授权的档案馆或者有关机关公布；未经档案馆或者有关机关同意，任何单位和个人无权公布。非国有企业、社会服务机构等单位和个人形成的档案，档案所有者有权公布。

公布档案应当遵守有关法律、行政法规的规定，不得损害国家安全和利益，不得侵犯他人的合法权益。

第三十三条 档案馆应当根据自身条件，为国家机关制定法律、法规、政策和开展有关问题研究，提供支持和便利。

档案馆应当配备研究人员，加强对档案的研究整理，有计划地组织编辑出版档案材料，在不同范围内发行。

档案研究人员研究整理档案，应当遵守档案管理的规定。

第三十四条 国家鼓励档案馆开发利用馆藏档案，通过开展专题展览、公益讲座、媒体宣传等活动，进行爱国主义、集体主义、中国特色社会主义教育，传承发展中华优秀传统文化，继承革命文化，发展社会主义先进文化，增强文化自信，弘扬社会主义核心价值观。

……

中华人民共和国
突发事件应对法（节录）

（2007年8月30日第十届全国人民代表大会常务委员会第二十九次会议通过　2024年6月28日第十四届全国人民代表大会常务委员会第十次会议修订　2024年6月28日中华人民共和国主席令公布　自2024年11月1日起施行）

……

第七条 国家建立健全突发事件信息发布制度。有关人民政府和部门应当及时向社会公布突发事件相关信息和有关突发事件应对的决定、命令、措施等信息。

任何单位和个人不得编造、故意传播有关突发事件的虚假信息。有关人民政府和部门发现影响或者可能影响社会稳定、扰乱社会和经济管理秩序的虚假或者不完整信息的，应当及时发布准确的信息予以澄清。

……

第四章　监测与预警

第五十八条　国家建立健全突发事件监测制度。

县级以上人民政府及其有关部门应当根据自然灾害、事故灾难和公共卫生事件的种类和特点，建立健全基础信息数据库，完善监测网络，划分监测区域，确定监测点，明确监测项目，提供必要的设备、设施，配备专职或者兼职人员，对可能发生的突发事件进行监测。

第五十九条　国务院建立全国统一的突发事件信息系统。

县级以上地方人民政府应当建立或者确定本地区统一的突发事件信息系统，汇集、储存、分析、传输有关突发事件的信息，并与上级人民政府及其有关部门、下级人民政府及其有关部门、专业机构、监测网点和重点企业的突发事件信息系统实现互联互通，加强跨部门、跨地区的信息共享与情报合作。

第六十条　县级以上人民政府及其有关部门、专业机构应当通过多种途径收集突发事件信息。

县级人民政府应当在居民委员会、村民委员会和有关单位建立专职或者兼职信息报告员制度。

公民、法人或者其他组织发现发生突发事件，或者发现可能发生突发事件的异常情况，应当立即向所在地人民政府、有关主管部门或者指定的专业机构报告。接到报告的单位应当按照规定立即核实处理，对于不属于其职责的，应当立即移送相关单位核实处理。

第六十一条　地方各级人民政府应当按照国家有关规定向上级人民政府报送突发事件信息。县级以上人民政府有关主管部门应当向本级人民政府相关部门通报突发事件信息，并报告上级人民政府主管部门。专业机构、监测网点和信息报告员应当及时向所在地人民政府及其有关主管部门报告突发事件信息。

有关单位和人员报送、报告突发事件信息，应当做到及时、客观、真实，不得迟报、谎报、瞒报、漏报，不得授意他人迟报、谎报、瞒报，不得阻碍他人报告。

第六十二条 县级以上地方人民政府应当及时汇总分析突发事件隐患和监测信息，必要时组织相关部门、专业技术人员、专家学者进行会商，对发生突发事件的可能性及其可能造成的影响进行评估；认为可能发生重大或者特别重大突发事件的，应当立即向上级人民政府报告，并向上级人民政府有关部门、当地驻军和可能受到危害的毗邻或者相关地区的人民政府通报，及时采取预防措施。

第六十三条 国家建立健全突发事件预警制度。

可以预警的自然灾害、事故灾难和公共卫生事件的预警级别，按照突发事件发生的紧急程度、发展势态和可能造成的危害程度分为一级、二级、三级和四级，分别用红色、橙色、黄色和蓝色标示，一级为最高级别。

预警级别的划分标准由国务院或者国务院确定的部门制定。

第六十四条 可以预警的自然灾害、事故灾难或者公共卫生事件即将发生或者发生的可能性增大时，县级以上地方人民政府应当根据有关法律、行政法规和国务院规定的权限和程序，发布相应级别的警报，决定并宣布有关地区进入预警期，同时向上一级人民政府报告，必要时可以越级上报；具备条件的，应当进行网络直报或者自动速报；同时向当地驻军和可能受到危害的毗邻或者相关地区的人民政府通报。

发布警报应当明确预警类别、级别、起始时间、可能影响的范围、警示事项、应当采取的措施、发布单位和发布时间等。

第六十五条 国家建立健全突发事件预警发布平台，按照有关规定及时、准确向社会发布突发事件预警信息。

广播、电视、报刊以及网络服务提供者、电信运营商应当按照国家有关规定，建立突发事件预警信息快速发布通道，及时、准确、无偿播发或者刊载突发事件预警信息。

公共场所和其他人员密集场所，应当指定专门人员负责突发事件预警信息接收和传播工作，做好相关设备、设施维护，确保突发事件预警信息及时、准确接收和传播。

第六十六条 发布三级、四级警报，宣布进入预警期后，县级以上地方人民政府应当根据即将发生的突发事件的特点和可能造成的危害，采取下列措施：

（一）启动应急预案；

（二）责令有关部门、专业机构、监测网点和负有特定职责的人员及时收集、报告有关信息，向社会公布反映突发事件信息的渠道，加强对突发事件发生、发展情况的监测、预报和预警工作；

（三）组织有关部门和机构、专业技术人员、有关专家学者，随时对突发事件信息进行分析评估，预测发生突发事件可能性的大小、影响范围和强度以及可能发生的突发事件的级别；

（四）定时向社会发布与公众有关的突发事件预测信息和分析评估结果，并对相关信息的报道工作进行管理；

（五）及时按照有关规定向社会发布可能受到突发事件危害的警告，宣传避免、减轻危害的常识，公布咨询或者求助电话等联络方式和渠道。

第六十七条 发布一级、二级警报，宣布进入预警期后，县级以上地方人民政府除采取本法第六十六条规定的措施外，还应当针对即将发生的突发事件的特点和可能造成的危害，采取下列一项或者多项措施：

（一）责令应急救援队伍、负有特定职责的人员进入待命状态，并动员后备人员做好参加应急救援和处置工作的准备；

（二）调集应急救援所需物资、设备、工具，准备应急设施和应急避难、封闭隔离、紧急医疗救治等场所，并确保其处于良好状态、随时可以投入正常使用；

（三）加强对重点单位、重要部位和重要基础设施的安全保卫，维护社会治安秩序；

（四）采取必要措施，确保交通、通信、供水、排水、供电、供气、供热、医疗卫生、广播电视、气象等公共设施的安全和正常运行；

（五）及时向社会发布有关采取特定措施避免或者减轻危害的建议、劝告；

（六）转移、疏散或者撤离易受突发事件危害的人员并予以妥善安置，转移重要财产；

（七）关闭或者限制使用易受突发事件危害的场所，控制或者限制容易导致危害扩大的公共场所的活动；

（八）法律、法规、规章规定的其他必要的防范性、保护性措施。

第六十八条 发布警报，宣布进入预警期后，县级以上人民政府应当对重要商品和服务市场情况加强监测，根据实际需要及时保障供应、稳定市场。必要时，国务院和省、自治区、直辖市人民政府可以按照《中华人民共和国价格法》等有关法律规定采取相应措施。

第六十九条 对即将发生或者已经发生的社会安全事件，县级以上地方人民政府及其有关主管部门应当按照规定向上一级人民政府及其有关主管部门报告，必要时可以越级上报，具备条件的，应当进行网络直报或者自动速报。

第七十条 发布突发事件警报的人民政府应当根据事态的发展，按照有关规定适时调整预警级别并重新发布。

有事实证明不可能发生突发事件或者危险已经解除的，发布警报的人民政府应当立即宣布解除警报，终止预警期，并解除已经采取的有关措施。

……

中华人民共和国传染病防治法（节录）

（1989年2月21日第七届全国人民代表大会常务委员会第六次会议通过　2004年8月28日第十届全国人民代表大会常务委员会第十一次会议第一次修订　根据2013年6月29日第十二届全国人民代表大会常务委员会第三次会议《关于修改〈中华人民共和国文物保护法〉等十二部法律的决定》修正　2025年4月30日第十四届全国人民代表大会常务委员会第十五次会议第二次修订　2025年4月30日中华人民共和国主席令第47号公布　自2025年9月1日起施行）

……

第十七条　采取传染病预防、控制措施，应当依照法定权限和程序，与传染病暴发、流行和可能造成危害的程度、范围等相适应；有多种措施可供选择的，应当选择有利于最大程度保护单位和个人合法权益，且对他人权益损害和生产生活影响较小的措施，并根据情况变化及时调整。

单位和个人认为有关地方人民政府、卫生健康主管部门、疾病预防控制部门和其他有关部门，以及疾病预防控制机构、医疗机构等实施的相关行政行为或者传染病预防、控制措施，侵犯其合法权益的，可以依法申请行政复议、提起诉讼。

……

第五十四条　县级以上地方人民政府疾病预防控制部门应当及时向本行政区域的疾病预防控制机构和医疗机构通报传染病疫情以及监测、预警的相关信息。接到通报的疾病预防控制机构和医疗机构应当及时报告本机构的主要负责人，并告知本机构的有关人员。

第五十五条 国务院疾病预防控制部门应当及时向省级人民政府疾病预防控制部门和中央军事委员会负责卫生工作的部门通报全国传染病疫情以及监测、预警的相关信息。中央军事委员会负责卫生工作的部门发现传染病疫情时，应当向国务院疾病预防控制部门通报。

毗邻或者相关地区的地方人民政府疾病预防控制部门，应当及时相互通报本行政区域的传染病疫情以及监测、预警的相关信息。

第五十六条 县级以上人民政府疾病预防控制部门与同级人民政府教育、公安、民政、司法行政、生态环境、农业农村、市场监督管理、林业草原、中医药等部门建立传染病疫情通报机制，及时共享传染病疫情信息。

传染病暴发、流行时，国务院卫生健康、疾病预防控制、外交、工业和信息化、公安、交通运输、铁路、民用航空、海关、移民管理等部门以及中国人民解放军、中国人民武装警察部队的有关单位和部门等建立工作机制，及时共享传染病疫情信息。

第五十七条 国家建立健全传染病疫情信息公布制度。

国务院疾病预防控制部门定期向社会公布全国传染病疫情信息。县级以上地方人民政府疾病预防控制部门定期向社会公布本行政区域的传染病疫情信息。

传染病暴发、流行时，县级以上地方人民政府疾病预防控制部门应当及时、准确地向社会公布本行政区域传染病名称、流行传播范围以及确诊病例、疑似病例、死亡病例数量等传染病疫情信息。传染病跨省级行政区域暴发、流行时，国务院疾病预防控制部门应当及时、准确地向社会公布上述信息。

县级以上人民政府疾病预防控制部门发现虚假或者不完整传染病疫情信息的，应当及时发布准确的信息予以澄清。

传染病疫情信息公布的具体办法由国务院疾病预防控制部门制定。

……

慈善组织信息公开办法

（2025 年 10 月 1 日民政部令第 81 号公布　自 2026 年 1 月 1 日起施行）

第一条　为规范慈善组织的信息公开行为，保护捐赠人、志愿者、受益人等慈善活动参与者的合法权益，维护社会公众的知情权，促进慈善事业发展，根据《中华人民共和国慈善法》（以下简称慈善法）制定本办法。

第二条　慈善组织应当依法履行信息公开义务，信息公开应当真实、完整、及时。

慈善组织应当建立信息公开制度，明确信息公开的范围、方式和责任。

慈善组织应当对信息的真实性负责，不得有虚假记载、误导性陈述或者重大遗漏，不得以新闻发布、广告推广等形式代替应当履行的信息公开义务。

第三条　慈善组织应当依照有关法律法规和本办法规定，在国务院民政部门建立的全国慈善信息公开平台（以下简称慈善信息公开平台）向社会公开下列信息：

（一）本办法规定的基本信息；

（二）年度工作报告和财务会计报告；

（三）公开募捐情况；

（四）慈善项目有关情况；

（五）慈善信托有关情况；

（六）重大资产变动、重大投资、重大交易及资金往来、关联交易行为等情况；

（七）法律法规以及国务院民政部门要求公开的其他信息。

第四条 慈善组织应当自下列基本信息形成之日起三十日内，在慈善信息公开平台向社会公开：

（一）经办理其登记的民政部门核准的章程；

（二）决策、执行、监督机构成员信息；

（三）下设的办事机构、分支机构、代表机构、专项基金和其他机构的名称、设立时间、存续情况、业务范围或者主要职能；

（四）发起人、主要捐赠人、管理人员、被投资方以及与慈善组织存在控制、共同控制或者重大影响关系的个人或者组织（以下简称重要关联方）；

（五）本组织的联系人、联系方式，以本组织名义开通的门户网站、官方微博、官方微信或者移动客户端等；

（六）本组织的信息公开制度、项目管理制度、财务和资产管理制度。

基本信息中属于慈善组织登记事项的，由民政部门予以公开，慈善组织可以免予公开。

慈善组织可以将基本信息制作纸质文本置于本组织的住所，方便社会公众查阅、复制。

第五条 具有公开募捐资格的慈善组织应当公开的基本信息还包括：

（一）按年度公开在本组织领取报酬从高到低排序前五位人员的报酬金额；

（二）本组织出国（境）经费、车辆购置及运行费用、招待费用、差旅费用的标准。

第六条 慈善组织应当于每年 5 月 31 日前，将年度工作报告和财务会计报告在慈善信息公开平台向社会公开。慈善组织有业务主管单位的，年度工作报告和财务会计报告应当经业务主管单位审查同意。具有公开募捐资格的慈善组织的年度财务会计报告须经审计。

年度工作报告的格式由国务院民政部门统一制定。

第七条 慈善组织开展公开募捐活动，应当在募捐活动现场或者募捐活动载体的显著位置，公布组织名称、公开募捐资格证书、备案的募捐方案、募捐备案编号、联系方式、募捐信息查询方法等，并在慈善信息公开平台向社会公开。慈善组织与其他组织或者个人合作开展公开募捐的，还应当公开合作方的有关信息。

慈善组织通过互联网开展公开募捐的，应当按照有关规定发布募捐信息。

第八条 具有公开募捐资格的慈善组织开展公开募捐活动，应当在公开募捐活动结束后三个月内在慈善信息公开平台公开下列信息：

（一）募得款物情况；

（二）已经使用的募得款物的用途，包括用于慈善项目和其他用途的支出情况；

（三）尚未使用的募得款物的使用计划；

（四）对公开募捐合作方的评估和指导监督情况。

公开募捐周期超过六个月的，至少每三个月公开一次前款第（一）、第（二）项所规定的信息。

为应对重大突发事件开展公开募捐的，在应急处置与救援阶段至少每五日在慈善信息公开平台公开一次募得款物的接收情况，及时公开分配、使用情况。应急处置与救援结束后，按照本条第一款规定公开募得款物的接收、分配、使用情况。

第九条 慈善组织在设立慈善项目时，应当在慈善信息公开平台公开该慈善项目的名称和内容。慈善项目终止后捐赠财产有剩余的，慈善组织应当在慈善项目终止后三个月内公开剩余财产的处理情况。

具有公开募捐资格的慈善组织为慈善项目开展公开募捐活动的，还应当公开相关募捐活动的名称。

慈善项目由慈善信托支持的，还应当公开相关慈善信托的名称。

第十条 具有公开募捐资格的慈善组织，应当在慈善项目结束后三个月内，在慈善信息公开平台向社会公开慈善项目实施情况，包括：项目名称、项目内容、实施时间、实施地域、受益人群及其确定方式、来自公开募捐和其他来源的收入、项目的支出情况和委托第三方执行慈善项目情况。

项目实施周期超过六个月的，至少每三个月公开一次项目实施情况。

第十一条 不具有公开募捐资格的慈善组织，应当于每年 5 月 31 日前在慈善信息公开平台向社会公开上年度重大慈善项目实施情况，包括项目名称、项目内容、实施时间、实施地域、受益人群及其确定方式、项目收支情况和委托第三方执行慈善项目情况。

第十二条 慈善组织担任慈善信托受托人的，应当每年至少一次将信托事务处理情况及财务状况在慈善信息公开平台向社会公开。

慈善组织作为委托人设立慈善信托的，应当自慈善信托设立后三十日内在慈善信息公开平台向社会公开慈善信托名称、受托人名称、委托金额等情况。

第十三条 慈善组织发生下列情形后三十日内，应当在慈善信息公开平台向社会公开具体内容和金额：

（一）重大资产变动；

（二）重大投资；

（三）重大交易及资金往来。

前款中规定的重大资产变动、重大投资、重大交易及资金往来的具体标准，由慈善组织依据有关法律法规规章在本组织章程或者财务资产管理制度中规定。

第十四条 慈善组织在下列关联交易等行为发生后三十日内，应当在慈善信息公开平台向社会公开具体内容和金额：

（一）接受重要关联方捐赠；

（二）对重要关联方进行资助；

（三）与重要关联方共同投资；

（四）委托重要关联方开展投资活动；

（五）与重要关联方发生交易；

（六）与重要关联方发生的其他资金往来。

第十五条 慈善组织应当于每年5月31日前，向办理其登记的民政部门报送符合民间非营利组织会计制度有关规定的关联方名单及关联关系说明。

第十六条 慈善组织应当在慈善信息公开平台为每年的年度工作报告和财务会计报告、每个公开募捐活动和慈善项目建立相对独立的信息条目。

慈善组织需要对慈善信息公开平台的信息进行更正的，应当在慈善信息公开平台填写并公布更正说明，有独立信息条目的在相应信息条目下予以公布。基本信息发生变更的，慈善组织应当在变更后三十日内在慈善信息公开平台向社会公布。

第十七条 慈善组织开展定向募捐的，应当及时向捐赠人告知募捐情况、捐赠款物管理使用情况。捐赠人要求将捐赠款物管理使用情况向社会公开的，慈善组织应当向社会公开。

第十八条 慈善组织应当向受益人告知其资助标准、工作流程和工作规范等信息。

鼓励慈善组织向社会公开前款规定的信息。

第十九条 慈善组织招募志愿者参与慈善服务，应当公示与慈善服务有关的全部信息，告知服务过程中可能发生的风险。

第二十条 慈善组织对外公开有关机关登记、核准、备案的事项时，应当与有关机关的信息一致。

慈善组织公布的信息相互之间应当一致。

慈善组织在其他渠道公布的信息，应当与其在慈善信息公开平台上公布的信息一致。

第二十一条 涉及国家秘密、商业秘密、个人隐私的信息以及捐赠人、志愿者、受益人、慈善信托的委托人不同意公开的姓名、名称、住所、通讯方式等信息，不得公开。

第二十二条 慈善组织不及时公开应当公开的事项或者公开的事项不真实、不完整的，任何单位或者个人可以向县级以上人民政府民政部门投诉、举报。

第二十三条 办理其登记的民政部门必要时可以就慈善组织信息公开的相关事项进行约谈，要求其作出说明，提出改进措施。

第二十四条 慈善组织有下列情形的，办理其登记的民政部门依据慈善法第一百一十条、第一百一十二条、第一百一十八条的有关规定进行处罚：

（一）未依法履行信息公开义务的；

（二）泄露捐赠人、志愿者、受益人个人隐私以及捐赠人、志愿者、受益人、慈善信托的委托人不同意公开的姓名、名称、住所、通讯方式等信息的。

第二十五条 慈善组织在信息公开中违反有关法律法规规章和本办法规定的，办理其登记的民政部门应当进行记录，并将相关情况通报有关部门，根据有关规定实施联合惩戒。

第二十六条 民政部门工作人员在慈善组织信息公开管理服务中滥用职权、徇私舞弊、玩忽职守的，依法依纪予以处理。

第二十七条 本办法规定的主要捐赠人包括：

（一）注册资金捐赠人；

（二）办公场所捐赠人；

（三）年度累计捐赠额超过慈善组织年度捐赠收入百分之五或者对慈善组织年度捐赠超过人民币五百万元的捐赠单位、个人。

第二十八条 本办法规定的重大慈善项目是指符合以下条件之一的慈善项目：

（一）当年该项目的捐赠收入占慈善组织当年捐赠总收入的五分之一以上且金额超过人民币五十万元的；

（二）当年该项目的支出占慈善组织当年慈善活动总支出的五分之一以上且金额超过人民币五十万元的；

（三）持续时间超过三年的。

第二十九条 鼓励慈善组织主动向社会公开本办法规定以外的信息，增强透明度，接受社会监督。

第三十条 本办法自2026年1月1日起施行。2018年8月6日民政部发布的《慈善组织信息公开办法》同时废止。

高等学校信息公开办法

（2010年4月6日教育部令第29号公布 自2010年9月1日起施行）

第一章 总 则

第一条 为了保障公民、法人和其他组织依法获取高等学校信息，促进高等学校依法治校，根据高等教育法和政府信息公开条例的有关规定，制定本办法。

第二条 高等学校在开展办学活动和提供社会公共服务过程中产生、制作、获取的以一定形式记录、保存的信息，应当按照有关法律法规和本办法的规定公开。

第三条 国务院教育行政部门负责指导、监督全国高等学校信息公开工作。

省级教育行政部门负责统筹推进、协调、监督本行政区域内高等学校信息公开工作。

第四条 高等学校应当遵循公正、公平、便民的原则，建立信息公开工作机制和各项工作制度。

高等学校公开信息，不得危及国家安全、公共安全、经济安全、社会稳定和学校安全稳定。

第五条 高等学校应当建立健全信息发布保密审查机制，明确审查的程序和责任。高等学校公开信息前，应当依照法律法规和国家其他有关规定对拟公开的信息进行保密审查。

有关信息依照国家有关规定或者根据实际情况需要审批的，高等学校应当按照规定程序履行审批手续，未经批准不得公开。

第六条 高等学校发现不利于校园和社会稳定的虚假信息或者不完整信息的，应当在其职责范围内及时发布准确信息予以澄清。

第二章　公开的内容

第七条 高等学校应当主动公开以下信息：

（一）学校名称、办学地点、办学性质、办学宗旨、办学层次、办学规模，内部管理体制、机构设置、学校领导等基本情况；

（二）学校章程以及学校制定的各项规章制度；

（三）学校发展规划和年度工作计划；

（四）各层次、类型学历教育招生、考试与录取规定，学籍管理、学位评定办法，学生申诉途径与处理程序；毕业生就业指导与服务情况等；

（五）学科与专业设置，重点学科建设情况，课程与教学计划，实验室、仪器设备配置与图书藏量，教学与科研成果评选，国家组织的教学评估结果等；

（六）学生奖学金、助学金、学费减免、助学贷款与勤工俭学的申请与管理规定等；

（七）教师和其他专业技术人员数量、专业技术职务等级，岗位设置管理与聘用办法，教师争议解决办法等；

（八）收费的项目、依据、标准与投诉方式；

（九）财务、资产与财务管理制度，学校经费来源、年度经费预算决算方案，财政性资金、受捐赠财产的使用与管理情况，仪器设备、图书、药品等物资设备采购和重大基建工程的招投标；

（十）自然灾害等突发事件的应急处理预案、处置情况，涉及学校的重大事件的调查和处理情况；

（十一）对外交流与中外合作办学情况，外籍教师与留学生的管理制度；

（十二）法律、法规和规章规定需要公开的其他事项。

第八条 除第七条规定需要公开的信息外，高等学校应当明确其他需要主动公开的信息内容与公开范围。

第九条 除高等学校已公开的信息外，公民、法人和其他组织还可以根据自身学习、科研、工作等特殊需要，以书面形式（包括数据电文形式）向学校申请获取相关信息。

第十条 高等学校对下列信息不予公开：

（一）涉及国家秘密的；

（二）涉及商业秘密的；

（三）涉及个人隐私的；

（四）法律、法规和规章以及学校规定的不予公开的其他信息。

其中第（二）项、第（三）项所列的信息，经权利人同意公开或者高校认为不公开可能对公共利益造成重大影响的，可以予以公开。

第三章 公开的途径和要求

第十一条 高等学校校长领导学校的信息公开工作。校长（学校）办公室为信息公开工作机构，负责学校信息公开的日常工作，具体职责是：

（一）具体承办本校信息公开事宜；

（二）管理、协调、维护和更新本校公开的信息；

（三）统一受理、协调处理、统一答复向本校提出的信息公开申请；

（四）组织编制本校的信息公开指南、信息公开目录和信息公开工作年度报告；

（五）协调对拟公开的学校信息进行保密审查；

（六）组织学校信息公开工作的内部评议；

（七）推进、监督学校内设组织机构的信息公开；

（八）承担与本校信息公开有关的其他职责。

高等学校应当向社会公开信息公开工作机构的名称、负责人、办公地址、办公时间、联系电话、传真号码、电子邮箱等。

第十二条 对依照本办法规定需要公开的信息，高等学校应当根据实际情况，通过学校网站、校报校刊、校内广播等校内媒体和报刊、杂志、广播、电视等校外媒体以及新闻发布会、年鉴、会议纪要或者简报等方式予以公开；并根据需要设置公共查阅室、资料索取点、信息公告栏或者电子屏幕等场所、设施。

第十三条 高等学校应当在学校网站开设信息公开意见箱，设置信息公开专栏、建立有效链接，及时更新信息，并通过信息公开意见箱听取对学校信息公开工作的意见和建议。

第十四条 高等学校应当编制信息公开指南和目录，并及时公布和更新。信息公开指南应当明确信息公开工作机构，信息的分类、编排体系和获取方式，依申请公开的处理和答复流程等。信息公开目录应当包括信息的索引、名称、生成日期、责任部门等内容。

第十五条 高等学校应当将学校基本的规章制度汇编成册，置于学校有关内部组织机构的办公地点、档案馆、图书馆等场所，提供免费查阅。

高等学校应当将学生管理制度、教师管理制度分别汇编成册，在新生和新聘教师报到时发放。

第十六条 高等学校完成信息制作或者获取信息后，应当及时明确该信息是否公开。确定公开的，应当明确公开的受众；确定不予公开的，应当说明理由；难以确定是否公开的，应当及时报请高等学校所在地省级教育行政部门或者上级主管部门审定。

第十七条 属于主动公开的信息，高等学校应当自该信息制作完成或者获取之日起20个工作日内予以公开。公开的信息内容发生变更的，应当在变更后20个工作日内予以更新。

学校决策事项需要征求教师、学生和学校其他工作人员意见的，公开征求意见的期限不得少于10个工作日。

法律法规对信息内容公开的期限另有规定的，从其规定。

第十八条 对申请人的信息公开申请，高等学校根据下列情况在15个工作日内分别作出答复：

（一）属于公开范围的，应当告知申请人获取该信息的方式和途径；

（二）属于不予公开范围的，应当告知申请人并说明理由；

（三）不属于本校职责范围的或者该信息不存在的，应当告知申请人，对能够确定该信息的职责单位的，应当告知申请人该单位的名称、联系方式；

（四）申请公开的信息含有不应当公开的内容但能够区分处理的，应当告知申请人并提供可以公开的信息内容，对不予公开的部分，应当说明理由；

（五）申请内容不明确的，应当告知申请人作出更改、补充；申请人逾期未补正的，视为放弃本次申请；

（六）同一申请人无正当理由重复向同一高等学校申请公开同一信息，高等学校已经作出答复且该信息未发生变化的，应当告知申请人，不再重复处理；

（七）高等学校根据实际情况作出的其他答复。

第十九条 申请人向高等学校申请公开信息的，应当出示有效身份证件或者证明文件。

申请人有证据证明高等学校提供的与自身相关的信息记录不准确

的，有权要求该高等学校予以更正；该高等学校无权更正的，应当转送有权更正的单位处理，并告知申请人。

第二十条 高等学校向申请人提供信息，可以按照学校所在地省级价格部门和财政部门规定的收费标准收取检索、复制、邮寄等费用。收取的费用应当纳入学校财务管理。

高等学校不得通过其他组织、个人以有偿方式提供信息。

第二十一条 高等学校应当健全内部组织机构的信息公开制度，明确其信息公开的具体内容。

第四章 监督和保障

第二十二条 国务院教育行政部门开展对全国高等学校推进信息公开工作的监督检查。

省级教育行政部门应当加强对本行政区域内高等学校信息公开工作的日常监督检查。

高等学校主管部门应当将信息公开工作开展情况纳入高等学校领导干部考核内容。

第二十三条 省级教育行政部门和高等学校应当将信息公开工作纳入干部岗位责任考核内容。考核工作可与年终考核结合进行。

高等学校内设监察部门负责组织对本校信息公开工作的监督检查，监督检查应当有教师、学生和学校其他工作人员代表参加。

第二十四条 高等学校应当编制学校上一学年信息公开工作年度报告，并于每年10月底前报送所在地省级教育行政部门。中央部门所属高校，还应当报送其上级主管部门。

第二十五条 省级教育行政部门应当建立健全高等学校信息公开评议制度，聘请人大代表、政协委员、家长、教师、学生等有关人员成立信息公开评议委员会或者以其他形式，定期对本行政区域内高等学校信息公开工作进行评议，并向社会公布评议结果。

第二十六条 公民、法人和其他组织认为高等学校未按照本办法规定履行信息公开义务的，可以向学校内设监察部门、省级教育行政部门举报；对于中央部委所属高等学校，还可向其上级主管部门举报。收到举报的部门应当及时处理，并以适当方式向举报人告知处理结果。

第二十七条 高等学校违反有关法律法规或者本办法规定，有下列情形之一的，由省级教育行政部门责令改正；情节严重的，由省级教育行政部门或者国务院教育行政部门予以通报批评；对高等学校直接负责的主管领导和其他直接责任人员，由高等学校主管部门依据有关规定给予处分：

（一）不依法履行信息公开义务的；

（二）不及时更新公开的信息内容、信息公开指南和目录的；

（三）公开不应当公开的信息的；

（四）在信息公开工作中隐瞒或者捏造事实的；

（五）违反规定收取费用的；

（六）通过其他组织、个人以有偿服务方式提供信息的；

（七）违反有关法律法规和本办法规定的其他行为的。

高等学校上述行为侵害当事人合法权益，造成损失的，应当依法承担民事责任。

第二十八条 高等学校应当将开展信息公开工作所需经费纳入年度预算，为学校信息公开工作提供经费保障。

第五章 附 则

第二十九条 本办法所称的高等学校，是指大学、独立设置的学院和高等专科学校，其中包括高等职业学校和成人高等学校。

高等学校以外其他高等教育机构的信息公开，参照本办法执行。

第三十条 已经移交档案工作机构的高等学校信息的公开，依照有关档案管理的法律、法规和规章执行。

第三十一条 省级教育行政部门可以根据需要制订实施办法。高等学校应当依据本办法制订实施细则。

第三十二条 本办法自2010年9月1日起施行。

审计机关政府信息公开规定（试行）

（2008年4月30日 审办办发〔2008〕107号）

第一章 总 则

第一条 为了推进和规范审计机关政府信息公开工作，保障公民、法人和其他组织对审计工作的知情权、参与权和监督权，促进发挥审计机关的政府信息对人民群众生产、生活和经济社会活动的服务作用，根据《中华人民共和国审计法》、《中华人民共和国政府信息公开条例》等法律法规，制定本规定。

第二条 本规定所称政府信息，是指审计机关在履行职责过程中制作或者获取的，以纸质、胶卷、磁带以及其他电子存储介质等一定形式记录、保存的信息。具体包括具有法定效力和规范体式的行政公文，以及编辑整理与经济社会管理和公共服务相关的信息。

第三条 审计机关按照依法、公正、公平、便民的原则，及时、准确地公开政府信息，发现媒体刊登或播发影响或者可能影响社会稳定、扰乱经济社会活动秩序的虚假或者不完整信息的，应在职责范围内发布准确的信息予以澄清。

第四条 审计机关应当建立、健全政府信息主动公开制度、依申请公开制度、发布协调机制、保密审查机制和监督保障等具体制度，依法、有序、规范开展政府信息公开工作。

第五条 审计机关应当为本机关政府信息公开工作提供人员、经费等方面的保障。

第六条 审计机关公开政府信息，不得危及国家安全、公共安全、经济安全和社会稳定。

第七条 审计机关在本级政府领导下，依法开展政府信息公开工作，同时接受上级审计机关指导。

第八条 审计机关应当指定办公室或相应的机构（统称政府信息公开工作机构），负责本机关政府信息公开的日常工作。

审计机关政府信息公开工作机构的具体职责是：

（一）具体承办本机关的政府信息公开事宜；

（二）维护和更新本机关公开的政府信息；

（三）组织编制本机关的政府信息公开指南、政府信息公开目录和政府信息公开工作年度报告；

（四）组织对拟公开的政府信息进行保密审查；

（五）本机关规定的与政府信息公开有关的其他职责。

第二章　公开的内容与范围

第九条 审计机关对符合下列要求之一的政府信息应当主动公开：

（一）涉及公民、法人或者其他组织切身利益的；

（二）需要社会公众广泛知晓或者参与的；

（三）反映本机关机构设置、职能、办事程序等基本情况的；

（四）其他依照法律、法规和国家有关规定应当主动公开的。

第十条 审计机关应当依照本规定第九条的要求，在职责权限范围内确定主动公开的政府信息具体内容，并重点公开下列政府信息：

（一）机关职能及机构设置情况；

（二）审计法律、法规、规章和其他规范性文件；

（三）工作发展规划、年度工作部署和重要会议内容；

（四）业务工作情况；

（五）机关行政管理情况；

（六）其他依照法律、法规和国家有关规定应当公开的政府信息。

第十一条 审计机关不得擅自向社会公开以下政府信息：

（一）涉及国家秘密、商业秘密、个人隐私的政府信息；

（二）涉及审计工作秘密的政府信息或其他不宜对外的内部事项；

（三）正在调查、讨论、处理过程中的事项（法律、法规另有规定的除外）；

（四）与行政执法有关，公开后可能影响检查、调查、取证等执法活动或者危及公民、法人和其他组织人身或财产安全的政府信息；

（五）其他依照法律、法规规定不予公开的政府信息。

经权利人同意或者审计机关认为不公开可能对公共利益造成重大影响的涉及商业秘密、个人隐私的政府信息，可以予以公开。

第十二条 公民、法人或其他组织可以根据自身生产、生活、科研等特殊需要，依据《中华人民共和国政府信息公开条例》或本规定，向审计机关申请获取相关政府信息。

公民、法人或其他组织使用审计机关公开的政府信息，不得损害国家利益、公共利益和他人的合法权益。

第十三条 审计机关应当建立健全政府信息发布保密审查机制，明确审查的程序和责任。

审计机关在公开政府信息前，应当依照《中华人民共和国保守国家秘密法》以及其他法律、法规和国家有关规定进行审查。

审计机关对政府信息不能确定是否可以公开时，应当依照法律、法规和国家有关规定报有关主管部门或者同级保密工作部门确定。

第三章　公开的主体及权限

第十四条 审计机关公开政府信息依照国家有关规定需要报批的，未经批准不得公开。

第十五条 审计机关制作的政府信息，由制作该政府信息的审计机关负责公开；审计机关从公民、法人或其他组织获取的政府信息，由保存该政府信息的审计机关负责公开；审计机关从其他行政机关获取并保存的政府信息，由原制作机关负责公开。

第十六条 审计机关一般应遵循“谁制作谁公开，谁保存谁公开”的原则，不得越权公开其他审计机关的政府信息。必要时，上级审计机关可以公开下级审计机关的政府信息。法律、法规对政府信息公开的权限另有规定的，从其规定。

第十七条 上级审计机关可以依照有关规定，要求下级审计机关公开或提供指定的政府信息。

第十八条 审计机关的派出机构、所属事业单位在履行职责中制作或者获取的与经济社会管理和公共服务相关的政府信息，应当统一由该审计机关对外公开。

第十九条 属于审计行业共性的政府信息，各级审计机关一般应统一按照审计署对外公开的口径予以公开。

第二十条 上级审计机关授权下级审计机关开展的审计（调查）项目中制作或者获取的政府信息，原则上由上级审计机关统一对外公开。

第二十一条 审计机关统一组织不同级次审计机关参加的审计（调查）项目中制作或者获取的政府信息，原则上由负责该项目组织工作的审计机关统一对外公开。

第二十二条 审计机关与其他行政机关以共同名义履行职责产生的政府信息，审计机关和共同履行职责的其他行政机关均为信息公开义务主体。审计机关拟主动公开，或依公民、法人或其他组织申请公开该政府信息时，应当与该政府信息涉及的其他行政机关沟通确认后按规定办理。

第四章 公开的方式和程序

第二十三条 审计机关应将主动公开的政府信息，通过门户网站、公报、新闻发布会以及报刊、广播、电视等便于公众知晓的方式公开。

审计机关门户网站为本机关政府信息公开第一平台。

有条件的审计机关，可以根据需要设立公共查阅室、资料索取点、信息公告栏、电子信息屏等场所、设施，为公民、法人或其他组织查阅和获取政府信息提供便利。

第二十四条 属于主动公开范围的政府信息，审计机关应当自该信息形成或者变更生效之日起20个工作日内予以公开。法律、法规对政府信息公开的期限另有规定的，从其规定。

第二十五条 审计机关应当编制、公布政府信息公开指南和目录，并及时更新。

政府信息公开指南，应当包括政府信息的分类、编排体系、获取方式，政府信息公开工作机构和监督机构的名称、办公地址、办公时间、联系电话、传真号码、电子邮箱等内容。

政府信息公开目录，应当包括政府信息的索引、名称、内容概述、生成日期、公开时间等内容。

第二十六条 公民、法人或其他组织依据本规定第十二条规定向审计机关申请提供政府信息的，应当采用书面形式（包括数据电文形式）；采取书面形式确有困难的，申请人可以口头提出，由审计机关政府信息公开工作机构代为填写政府信息公开申请。审计机关可以向申请人提供申请书的格式文本。

政府信息公开申请应包括下列内容：

（一）申请人的姓名或者名称、联系方式；

（二）申请公开的政府信息主要内容的描述；

（三）申请公开的政府信息的形式要求。

第二十七条 对申请公开的政府信息，审计机关应当根据下列情况分别作出答复：

（一）已经公开的，应当告知申请人获取该政府信息的方式和途径；属于公开范围但尚未公开的，应及时公开并向申请人提供；

（二）属于不予公开范围的，应当告知申请人并说明理由；

（三）依法不属于审计机关公开或者该政府信息不存在的，应当告知申请人，对能够确定该政府信息的公开机关的，应当告知申请人该行政机关的名称和联系方式；

（四）申请内容不明确的，应当告知申请人作出更改、补充。

申请公开的政府信息中含有不应当公开的内容，但是能够作区分处理的，审计机关应当向申请人提供可以公开的信息内容。

第二十八条 审计机关认为申请公开的政府信息涉及商业秘密、个人隐私，公开后可能损害第三方合法权益的，应当书面征求第三方的意见，确保第三方知晓，并明确答复期限。第三方明确表示同意公开的，方可对外公开；第三方未在审计机关要求的期限内答复的，视为不同意公开。但是，审计机关认为不公开可能对公共利益造成重大影响的，应当予以公开，并将决定公开的政府信息内容和理由书面通知第三方。

第二十九条 审计机关收到政府信息公开申请，可以当场答复的，应当当场予以答复；不能当场答复的，应当自收到申请之日起 15 个工作日内予以答复；不能在 15 个工作日内作出答复的，经政府信息公开工作机构负责人同意，可以适当延长答复期限，并告知申请人，延长答复的期限最长不得超过 15 个工作日。

申请公开的政府信息涉及第三方权益的，审计机关征求第三方意见所需时间不计算在本条上款规定的期限内。

第三十条 公民、法人或者其他组织向审计机关申请提供与其自身合法权益直接相关的政府信息的，应当出示有效身份证件或者证明文件。

公民、法人或者其他组织有证据证明审计机关提供的与其自身合法权益直接相关的信息记录不准确的，有权要求审计机关予以更正。该审计机关无权更正的，应当转送有权更正的审计机关或者其他行政机关处理，并告知申请人。

第三十一条　审计机关依申请公开政府信息，应当按照申请人要求的形式予以提供；无法按照申请人要求的形式提供的，可以通过安排申请人查阅相关资料、提供复制件或者其他适当形式提供。

申请公开政府信息的公民存在阅读、书写困难或者视听障碍的，审计机关应当为其提供必要的帮助。

第三十二条　审计机关依申请提供政府信息，除按国家规定价格收取检索、复制、邮寄等成本费用外，不得收取其他费用。审计机关不得通过其他组织、个人以有偿服务方式提供政府信息。

申请公开政府信息的公民确有经济困难的，经本人申请、政府信息公开工作机构负责人审核同意，可以减免相关费用。

第五章　监督与保障

第三十三条　审计机关应当建立健全政府信息公开工作考核制度、社会评议制度和责任追究制度，定期对政府信息公开工作进行考核、评议，并接受监察机关的监督检查。

第三十四条　公民、法人或者其他组织认为审计机关不依法履行政府信息公开义务的，可以向政府信息公开主管部门或者上级审计机关、监察机关举报。收到举报的审计机关应当予以调查处理，并督促下级审计机关依法履行政府信息公开义务。

第三十五条　公民、法人和其他组织认为审计机关在政府信息公开工作中的具体行政行为侵犯其合法权益的，可以依法申请行政复议或者提起行政诉讼。

第三十六条　审计机关违反《中华人民共和国政府信息公开条例》及本规定，有下列情形之一的，上一级审计机关应责令其改正；情节严重的，对负有直接责任的主管人员和其他直接责任人员依法给予处分；构成犯罪的，依法移交追究刑事责任：

（一）不依法履行政府信息公开义务的；

（二）不及时更新公开的政府信息内容、政府信息公开指南和目录的；

（三）违反规定收取费用的；

（四）通过其他组织、个人以有偿服务方式提供政府信息的；

（五）公开不应当公开的政府信息的；

（六）违反相关法律、法规规定的其他行为。

第三十七条 审计机关应当在每年 3 月 31 日前公布本机关的政府信息公开工作年度报告。

政府信息公开工作年度报告应当包括下列内容：

（一）审计机关主动公开政府信息的情况；

（二）审计机关依申请公开政府信息和不予公开政府信息的情况；

（三）政府信息公开的收费及减免情况；

（四）因政府信息公开申请行政复议、提起行政诉讼的情况；

（五）政府信息公开工作存在的主要问题及改进情况；

（六）其他需要报告的事项。

第六章　附　　则

第三十八条 各级审计机关应依照本规定和同级政府相关规定，结合工作实际，制定相应的实施办法。

第三十九条 本规定由审计署负责解释。

第四十条 本规定自 2008 年 5 月 1 日起施行。

中华人民共和国交通运输部施行《政府信息公开条例》办法

（2008年4月8日　交办发〔2008〕13号）

第一章　总　　则

第一条　为保障公民、法人和其他组织依法获取政府交通运输信息，提高交通运输工作的透明度，促进依法行政，充分发挥政府交通运输信息对人民群众生产、生活和经济社会活动的服务作用，根据《中华人民共和国政府信息公开条例》，结合交通运输工作实际，制定本办法。

第二条　各级交通运输主管部门及依法行使公路、水路交通运输行政管理职权的机构（以下简称政府交通运输信息公开人）的信息公开工作适用本办法。

民航、邮政行政管理部门的政府信息公开另行规定。

第三条　本办法所称政府交通运输信息是指政府交通运输信息公开人在履行职责过程中制作或者获取的，以一定形式记录、保存的信息。

公民、法人和其他组织依法享有获取政府交通运输信息、要求公开政府交通运输信息的权利。

第四条　政府交通运输信息公开应当遵循合法、公正、公平和便民、及时、准确的原则。

第五条　各级交通运输主管部门应当加强对政府交通运输信息公开工作的组织领导，加强对所属具有公共事务管理职能的公路、水路交通运输管理机构交通运输信息公开工作的领导，积极推进、指导、协调和监督行业交通运输信息公开工作。

第六条 政府交通运输信息公开人应当建立健全政府交通运输信息公开制度，由办公厅（室）或者其他指定的机构（以下称政府交通运输信息公开工作机构）负责政府交通运输信息公开的日常工作。

政府交通运输信息公开工作机构的具体职责是：

（一）贯彻政府信息公开的法律、法规、规章和有关文件；

（二）建立健全政府交通运输信息公开制度；

（三）组织、协调本单位各内设部门的政府交通运输信息公开工作；

（四）组织依申请公开信息事项的办理工作；

（五）组织、协调本单位保密机构对拟公开的政府交通运输信息进行保密审查；

（六）指导、督促本单位各内设部门维护政府交通运输信息；

（七）组织编制政府交通运输信息公开指南、目录和政府交通运输信息公开工作年度报告；

（八）组织对政府交通运输信息公开工作的考核；

（九）指导、监督下级政府交通运输信息公开人的信息公开工作；

（十）其他与政府交通运输信息公开工作有关的职责。

第七条 政府交通运输信息公开人公开信息，不得危及国家安全、公共安全、经济安全和社会稳定。

政府交通运输信息公开人发现影响或者可能影响社会稳定、扰乱交通运输管理秩序的虚假或者不完整的有关交通运输信息的，应当发布准确的政府交通运输信息及时予以澄清。

第八条 政府交通运输信息公开人发布政府交通运输信息时，依照国家有关规定需要批准的，未经批准不得发布。

第九条 交通运输部门应当从人员、经费方面为本部门政府信息公开工作提供保障。

第二章 公开的内容

第十条 政府交通运输信息公开人应当在职责范围内主动公开下列政府交通运输信息：

（一）机构设置、职责范围、联系方式等组织机构情况；

（二）交通运输规章、规范性文件；

（三）交通运输规划及相关政策；

（四）交通运输行业标准、规范；

（五）交通运输行政许可项目、依据、条件、数量、程序、期限、申请行政许可需提交的全部材料目录及办理情况；

（六）交通运输行政处罚项目、依据、标准、程序、监督部门；

（七）交通运输规费征收项目、依据、标准；

（八）交通运输项目招投标情况；

（九）重大交通运输建设项目批准、实施情况；

（十）交通运输统计信息；

（十一）交通运输安全生产、工程质量的监督检查情况；

（十二）突发交通运输公共事件的预案、预警信息及应对与处置；

（十三）干部任免、公务员招录、人才招聘等人事管理情况；

（十四）行业精神文明、交通运输文化建设情况；

（十五）交通运输廉政制度建设情况；

（十六）投诉、举报、信访、依申请公开的途径；

（十七）法律、法规、规章规定应当公开的其他政府交通运输信息，以及公开人认为可以公开的其他信息。

县级以上地方人民政府赋予交通运输主管部门公路、水路以外的交通运输管理职能的，交通运输主管部门应当根据赋予的职能公开相应的信息。

第十一条 公民、法人和其他组织可以根据自身生产、生活、科研等特殊需要，向政府交通运输信息公开人申请获取本办法第十条以外的其他相关政府交通运输信息。

第十二条 政府交通运输信息公开人不得公开涉及国家秘密、商业秘密、个人隐私的政府交通运输信息。但是，经权利人同意公开的或者政府交通运输信息公开人认为不公开可能对公共利益造成重大影响的涉及商业秘密、个人隐私的政府交通运输信息，可以予以公开。

第十三条 政府交通运输信息公开人公开信息前，应当依照《中华人民共和国保守国家秘密法》、《交通工作国家秘密范围的规定》以及其他法律、法规和规定，遵循谁产生、谁公开、谁负责的原则，对拟公开的政府信息进行保密审查。

政府交通运输信息公开保密审查依照下列程序办理：

（一）信息产生单位对拟公开的信息进行保密审查，并填写《政府交通运输信息公开保密审查表》，由本单位领导审核，加盖公章后送有关信息公开发布部门对外公开。

（二）涉及多个部门、单位、处室的信息或综合性信息，由政府交通运输信息公开工作机构协调有关单位进行保密审查。

（三）各单位在保密审查过程中不能确定是否涉及国家秘密时，要说明信息来源及本单位的保密审查意见，报有关主管部门或者同级保密工作部门确定。

已经解密的政府交通运输信息，属于主动公开范围的，应当及时公开。

第三章 公开的方式和程序

第十四条 政府交通运输信息公开人应当将主动公开的政府交通运输信息，根据及时、有效、节约和易获取、易认知的原则，按以下一种或者几种方式予以公开：

（一）政府公报或者公开发行的政府（部门）信息专刊；

（二）政府网站；

（三）新闻发布会或者其他相关会议；

（四）广播、电视、报刊等媒体；

（五）交通运输行政办事大厅、服务中心、公共查阅室，以及场站、船闸、码头、服务区等交通运输公共服务场所的便民卡、信息公开栏、电子信息屏、触摸屏等公开方式；

（六）其他便于公众及时获得信息的方式。

第十五条 政府交通运输信息公开人应当积极创造条件设立服务电话，受理有关业务信息咨询和投诉，公开有关政府交通运输信息。

第十六条 政府交通运输信息公开人制作的政府交通运输信息，由制作该信息的单位负责公开；获取的政府交通运输信息，由记录、保存该政府交通运输信息的单位负责公开。法律、法规对政府交通运输信息公开的权限另有规定的，从其规定。

第十七条 属于主动公开范围的政府交通运输信息，应当自该信息形成或者变更之日起20个工作日内公开，对公开的信息及时更新和维护。

法律、法规对政府信息公开期限另有规定的，从其规定。

第十八条 政府交通运输信息公开人应当编制、公布本单位（部门）信息公开指南和信息公开目录，并及时更新。

政府交通运输信息公开指南，应当包括政府交通运输信息的分类、编排体系、获取方式，政府交通运输信息公开工作机构的名称、办公地址、办公时间、联系方式、监督部门、监督电话等内容。

政府交通运输信息公开目录，应当包括政府交通运输信息的索引、名称、内容概述、生成日期等内容。

第十九条 主动公开政府交通运输信息按照下列程序进行：

（一）根据政府交通运输信息公开目录拟定公开内容；

（二）对需要公开的内容进行核实；

（三）对需要公开的内容进行保密审查；

（四）报请本单位（部门）负责人批准；

（五）采取规定和其他适当的形式进行公开。

第二十条 公民、法人和其他组织申请公开政府交通运输信息，应当采用书面形式向政府交通运输信息公开人提出申请；采用书面形式确有困难的，可以口头提出，由政府交通运输信息公开人代为填写。

申请应当包含申请人的姓名或者名称、身份证明、联系地址、联系方式、所需政府运输信息的描述以及获取该信息的方式。

政府交通运输信息公开人应当向申请人提供申请书格式文本。

第二十一条 政府交通运输信息公开人收到公民、法人和其他组织的申请应当予以登记。能够当场答复的，应当当场予以答复；不能当场答复的，应自收到申请书之日起15个工作日内，根据下列情况予以书面答复：

（一）属于公开范围的，应当告知申请人获取该政府信息的方式和途径；

（二）属于不予公开范围的，应当告知申请人并说明理由；

（三）依法不属于本行政机关公开或者该政府信息不存在的，应当告知申请人，对能够确定该政府信息的公开机关的，应当告知申请人该行政机关的名称；

（四）申请内容不明确的，应当告知申请人作出更改、补充；

（五）申请公开的政府交通运输信息含有不予公开的内容但能够区分处理的，将可以公开部分的信息向申请人公开。

第二十二条 依申请公开的政府交通运输信息，政府交通运输信息公开人因正当理由不能在规定的期限内作出答复的，经本单位政府交通运输信息公开工作机构负责人同意，可以将答复期限适当延长，并书面告知申请人，延长期限最长不超过15个工作日。

依申请公开的政府交通运输信息涉及第三方权益的，政府交通运输信息公开人征求第三方意见所需的时间不计算在规定的期限内。

政府交通运输信息公开人因不可抗力或者其他法定事由不能在规

定的期限内作出答复的，期限中止，障碍消除后恢复计算。

第二十三条 公民、法人和其他组织发现与自身相关的政府交通运输信息记录不准确、不完整，可以提供相关的证据材料，要求政府交通运输信息公开人及时予以更正。政府交通运输信息公开人无权更正的，应当转送有权机关处理，并告知申请人。

对与公民、法人和其他组织自身相关信息的查询、提供，国家另有规定的，从其规定。

第二十四条 政府交通运输信息公开人依申请提供政府交通运输信息，有条件的可以安排适当场所，供申请人当场阅读或者抄录。

政府交通运输信息公开人依申请公开政府交通运输信息的，应当按照申请人要求的形式予以提供。无法按照申请人要求的形式提供的，可以通过安排申请人查阅相关资料、提供复印件或者其他适当形式提供。

第二十五条 政府交通运输信息公开人根据本办法或者依据申请人的申请公开、提供政府交通运输信息不得收费，但检索、复制、邮寄等成本费用除外。成本费用的收费标准按照国家有关规定执行。

政府交通运输信息公开人答复申请人不予提供的政府交通运输信息，不得再以有偿服务或者变相有偿服务的形式提供，不得通过与政府交通运输信息公开人有隶属关系或者业务指导等关系的企业、事业单位、中介组织以有偿或者变相有偿的形式向申请人提供。

第二十六条 按照各地有关规定经济困难的申请人，经本人申请，政府交通运输信息公开工作机构负责人审核同意，可以减免检索、复制、邮寄等成本费用。

申请人存在阅读困难或者视听障碍的，政府交通运输信息公开人应当提供必要的帮助。

第四章 监督与保障

第二十七条 政府交通运输信息公开人应当建立健全政府交通运

输信息公开工作考核制度、社会评议制度和责任追究制度，定期对政府交通运输信息公开工作进行考核、评议。

政府交通运输信息公开工作考核制度，应当明确考核机构、对象、内容、标准、程序、形式以及考核结果的公开和使用。

政府交通运输信息公开工作社会评议制度，应当明确社会评议的组织机构，社会评议的对象、内容、程序、形式以及社会评议结果的公开和使用。

政府交通运输信息公开工作责任追究制度，应当明确责任追究的负责机构，责任追究的对象、标准、程序、形式。

第二十八条 政府交通运输信息公开工作的考核，应当纳入政府交通运输信息公开人年度工作目标考核管理。

第二十九条 政府交通运输信息公开人应当建立健全政府交通运输信息公开监督检查制度，政府交通运输信息公开工作机构和监察机构负责对政府交通运输信息公开的实施情况进行监督检查。

第三十条 政府交通运输信息公开人实施监督检查时，需要下级政府交通运输信息公开人作出说明、提交材料的，下级政府交通运输信息公开人应当按照要求提交情况说明和相应材料。

第三十一条 政府交通运输信息公开人应当在每年 3 月 31 日前公布本单位的政府交通运输信息公开工作年度报告，并报送上级交通运输主管部门。

政府交通运输信息公开工作年度报告应当包括下列内容：

（一）主动公开政府交通运输信息的情况；

（二）依申请公开政府交通运输信息和不予公开政府交通运输信息的情况；

（三）政府交通运输信息公开的收费及减免情况；

（四）因政府交通运输信息公开申请行政复议、提起行政诉讼的情况；

（五）政府交通运输信息公开工作存在的主要问题及改进情况；

（六）其他需要报告的事项。

第三十二条　公民、法人和其他组织认为政府交通运输信息公开人不依法履行政府交通运输信息公开义务的，可以向其上级主管部门举报。

收到举报的上级主管部门应当对举报内容进行登记、调查处理，并将结果书面告知举报人。

收到举报的上级主管部门应当为举报人保守秘密。

第三十三条　公民、法人和其他组织认为政府交通运输信息公开人在政府交通运输信息公开工作中的具体行政行为侵犯其合法权益的，可以依法申请行政复议或者提起行政诉讼。

第三十四条　公民、法人和其他组织使用公开的政府交通运输信息，不得损害国家利益、公共利益和他人的合法权益。

第三十五条　政府交通运输信息公开人违反《中华人民共和国政府信息公开条例》和本办法规定，有下列情形之一的，由上级主管部门或者有权机关责令其改正；情节严重的，对负有直接责任的主管人员和其他直接责任人员依法给予行政处分；构成犯罪的，依法追究刑事责任：

（一）不依法履行政府交通运输信息公开义务的；

（二）不及时更新政府交通运输信息内容、政府交通运输信息公开指南和政府交通运输信息公开目录的；

（三）在公开政府交通运输信息过程中违反规定收取费用的；

（四）通过其他组织、个人以有偿服务方式提供政府交通运输信息的；

（五）公开不应当公开的政府交通运输信息的；

（六）违反《中华人民共和国政府信息公开条例》和本办法规定的其他行为。

第五章　附　　则

第三十六条　县级以上地方人民政府交通运输主管部门可以依据

本办法，制定实施细则。

第三十七条　为社会提供公共服务的交通运输企事业单位在提供社会公共服务过程中制作、获取的相关信息的公开，另行规定。

第三十八条　本办法自2008年5月1日起施行。

国家知识产权局政府信息公开实施办法（修订）

（2019年11月18日　国知办发办字〔2019〕43号）

第一章　总　　则

第一条　为了保障公民、法人和其他组织依法获取国家知识产权局政府信息，充分发挥政府信息对人民群众生产、生活和经济社会活动的服务作用，根据《中华人民共和国政府信息公开条例》，结合工作实际，制定本办法。

第二条　本办法所称政府信息，是指国家知识产权局在履行行政管理职责过程中制作或者获取的，以一定形式记录、保存的信息。

第三条　国家知识产权局设立政府信息与政务公开领导小组，负责全局政务信息公开和政府信息公开的组织领导工作。

领导小组在局办公室设立政府信息公开办公室（对外称国家知识产权局政府信息公开办公室，以下简称信息公开办），具体负责政府信息公开的日常工作。

信息公开办的主要职责是：

（一）牵头办理政府信息公开事宜；指导、协调、监督各部门单位的政府信息公开工作；

（二）维护和更新局公开的政府信息；

（三）组织编制政府信息公开指南、政府信息公开目录和政府信息公开工作年度报告；

（四）组织开展对拟公开政府信息的审查；

（五）接收、批分公民、法人或者其他组织提交的政府信息公开申请，实施统一答复；

（六）负责局政府信息与政务公开领导小组日常工作；

（七）负责局政府信息公开的其他工作。

局机关各部门、专利局各部门、商标局应指定一名政府信息公开工作联络员，并将名单报信息公开办备案。联络员发生变动的，应于5个工作日内将新的联络人向信息公开办报备。

第四条 公开政府信息应当坚持以公开为常态、不公开为例外，遵循公正、公平、合法、便民的原则。

第五条 应当及时、准确地公开政府信息。

发现涉及知识产权的，影响或者可能影响社会稳定、扰乱社会和经济管理秩序的虚假或者不完整信息，主办部门单位应当主动或在信息公开办要求下，在职责范围内发布准确的政府信息予以澄清。

第二章 公开的主体和范围

第六条 部门单位制作的政府信息，由制作该政府信息的部门单位负责公开；从公民、法人和其他组织获取的政府信息，由保存该政府信息的部门单位负责公开；从其他行政机关获取的政府信息，由制作或者最初获取该政府信息的行政机关负责公开。法律、法规对政府信息公开的权限另有规定的，从其规定。

国家知识产权局与其他行政机关共同制作的政府信息，由牵头制作的行政机关负责公开。

第七条 建立健全政府信息公开协调机制。公开政府信息涉及其他机关的，应当与有关机关协商、确认，保证行政机关公开的政府信息准确一致。

公开政府信息依照法律、行政法规和国家有关规定需要批准的，经批准予以公开。

第八条 依法确定为国家秘密的政府信息，法律、行政法规禁止公开的政府信息，以及公开后可能危及国家安全、公共安全、经济安全、社会稳定的政府信息，不予公开。

第九条 涉及商业秘密、个人隐私等公开会对第三方合法权益造成损害的政府信息，不得公开。但是，第三方同意公开或者国家知识产权局认为不公开会对公共利益造成重大影响的，予以公开。

第十条 局人事管理、后勤管理、内部工作流程等方面的内部事务信息，可以不予公开。

在履行行政管理职能过程中形成的讨论记录、过程稿、磋商信函、请示报告等过程性信息以及行政执法案卷信息，可以不予公开。法律、法规、规章规定上述信息应当公开的，从其规定。

第十一条 依照《中华人民共和国保守国家秘密法》以及其他法律、法规和国家有关规定，遵循“谁制作、谁公开”和“先审查、后公开”原则，政府信息公开保密审查程序与公文运转程序、信息发布程序相结合，发布政府信息应提供保密审查依据。

部门单位在制作政府信息时，应当确定该信息是否公开及公开范围、公开内容是否需要删减。对不能确定是否公开及公开范围的政府信息，应当报信息公开办审核，必要时报政府信息与政务公开领导小组审批。

国家知识产权局不能确定政府信息是否可以公开的，应当依照法律、法规和国家有关规定报有关主管部门或者保密行政管理部门确定。

第十二条 建立健全政府信息管理动态调整机制，信息公开办和部门单位应对不予公开的政府信息进行定期评估审查，对因情势变化可以公开的政府信息应当公开。

第三章　主 动 公 开

第十三条　对涉及公众利益调整、需要公众广泛知晓或者需要公众参与决策的政府信息应当主动公开。应当主动公开下列政府信息：

（一）行政法规、规章和规范性文件；

（二）机关职能、机构设置、办公地址、办公时间、联系方式、负责人姓名；

（三）国家知识产权局发展规划及相关政策，重要工作部署及实施情况；

（四）《中华人民共和国专利法》及其实施细则规定在专利申请、审批及复审、无效等程序中应当对外公开的信息；

（五）《中华人民共和国商标法》及其实施条例规定在商标申请、审查、异议及驳回复审、无效等程序中应当对外公开的信息；

（六）专利代理机构的审批决定、全国专利代理师资格考试的有关政策、规定；商标代理的备案信息；

（七）知识产权年度统计信息；

（八）办理行政许可和其他对外管理服务事项的依据、条件、程序以及办理结果；

（九）实施行政处罚、行政强制的依据、条件、程序以及本部门单位认为具有一定社会影响的行政处罚决定；

（十）财政预算、决算信息；

（十一）行政事业性收费和涉企收费项目及其依据、标准；

（十二）重大建设项目的批准和实施情况；

（十三）公务员招考的职位、名额、报考条件等事项以及录用结果；

（十四）法律、法规、规章和国家有关规定规定应当主动公开的其他政府信息。

第十四条　局政府信息主要按以下方式公开：

（一）政府门户网站，政务微博，政务微信公众号；

（二）国家知识产权局公报、文告、主管报刊等；

（三）新闻发布会；

（四）国家知识产权局业务受理大厅、商标注册大厅、客户服务中心；

（五）其他可以公开政府信息的方式。

第十五条 属于主动公开范围的政府信息，由制作该政府信息的部门单位自该政府信息形成或者变更之日起 20 个工作日内及时公开。法律、法规对政府信息公开的期限另有规定的，从其规定。

第四章 依申请公开

第十六条 对于公民、法人或者其他组织提出的公开申请，经审查符合受理条件，由信息公开办会同相关部门单位对其申请进行答复，信息公开办负责将答复结果告知申请人。

第十七条 对于内容不明确的政府信息公开申请，应当给予指导和释明，并自收到申请之日起 7 个工作日内一次性告知申请人作出补正，说明需要补正的事项和合理的补正期限。答复期限自收到补正的申请之日起计算。申请人无正当理由逾期不补正的，视为放弃申请，不再处理该政府信息公开申请。

第十八条 收到政府信息公开申请的时间，按照下列规定确定：

（一）申请人当面提交政府信息公开申请的，以提交之日为收到申请之日；

（二）申请人以邮寄方式提交政府信息公开申请的，以局签收之日为收到申请之日；以平常信函等无需签收的邮寄方式提交政府信息公开申请的，信息公开办应当于收到申请的当日与申请人确认，确认之日为收到申请之日；

（三）申请人通过互联网渠道提交政府信息公开申请的，信息公开办在收到申请的当日以电子邮件形式与申请人确认，确认之日为收到申请之日。

第十九条 部门单位收到信息公开办转交的政府信息公开申请后，应当在规定时限内反馈答复意见；如认为依据职责或分工不应由本部门单位答复的，应当在 2 个工作日内商信息公开办解决。

第二十条 依申请公开的政府信息公开会损害第三方合法权益的，负责承办的部门单位需书面征求第三方的意见。第三方应当自收到征求意见书之日起 15 个工作日内提出意见。第三方逾期未提出意见的，由国家知识产权局依照《中华人民共和国政府信息公开条例》的规定决定是否公开。第三方不同意公开且有合理理由的，国家知识产权局不予公开。国家知识产权局认为不公开可能对公共利益造成重大影响的，可以决定予以公开，并将决定公开的政府信息内容和理由书面告知第三方。

第二十一条 对收到的政府信息公开申请能够当场答复的，应当当场予以答复。

不能当场答复的，应当自收到申请之日起 20 个工作日内予以答复；需要延长答复期限的，应当经信息公开办负责人同意并告知申请人，延长的期限最长不得超过 20 个工作日。

征求第三方和其他机关意见所需时间不计算在前款规定的期限内。

第二十二条 申请公开的政府信息由国家知识产权局牵头与其他行政机关共同制作的，国家知识产权局收到政府信息公开申请后应当征求相关行政机关的意见，被征求意见机关应当自收到征求意见书之日起 15 个工作日内提出意见，逾期未提出意见的视为同意公开。

第二十三条 申请人申请公开政府信息的数量、频次明显超过合理范围，信息公开办可以要求申请人说明理由。信息公开办认为申请理由不合理的，告知申请人不予处理；认为申请理由合理，但是无法在 20 个工作日内答复申请人的，可以确定延迟答复的合理期限并告知申请人。

第二十四条 对政府信息公开申请，根据下列情况分别作出答复：

（一）所申请公开信息已经主动公开的，告知申请人获取该政府信息的方式、途径；

（二）所申请公开信息可以公开的，向申请人提供该政府信息，或者告知申请人获取该政府信息的方式、途径和时间；

（三）依据《中华人民共和国政府信息公开条例》的规定决定不予公开的，告知申请人不予公开并说明理由；

（四）经检索没有所申请公开信息的，告知申请人该政府信息不存在；

（五）所申请公开信息不属于本行政机关负责公开的，告知申请人并说明理由；能够确定负责公开该政府信息的行政机关的，告知申请人该行政机关的名称、联系方式；

（六）已就申请人提出的政府信息公开申请作出答复、申请人重复申请公开相同政府信息的，告知申请人不予重复处理；

（七）所申请公开信息属于工商、不动产登记资料等信息，有关法律、行政法规对信息的获取有特别规定的，告知申请人依照有关法律、行政法规的规定办理。

第二十五条 申请公开的信息中含有不应当公开或者不属于政府信息的内容，但是能够作区分处理的，应当向申请人提供可以公开的政府信息内容，并对不予公开的内容说明理由。

第二十六条 向申请人提供的信息，应当是已制作或者获取的政府信息。除能够作区分处理的外，需要对现有政府信息进行加工、分析的，可以不予提供。

第二十七条 申请人以政府信息公开申请的形式进行信访、投诉、举报、业务咨询等活动，应当告知申请人不作为政府信息公开申请处理并可以告知通过相应渠道提出。

申请人提出的申请内容为要求提供政府公报、报刊、书籍等公开出版物的，可以告知获取的途径。

第二十八条 依申请公开政府信息，应当根据申请人的要求及局保存政府信息的实际情况，确定提供政府信息的具体形式；按照申请人要求的形式提供政府信息，可能危及政府信息载体安全或者公开成本过高的，可以通过电子数据以及其他适当形式提供，或者安排申请人查阅、抄录相关政府信息。

第二十九条 公民、法人或者其他组织有证据证明国家知识产权局提供的与其自身相关的政府信息记录不准确的，可以要求更正。局有权更正且审核属实的，应当予以更正并告知申请人；不属于局职能范围的，将转送有权更正的行政机关处理并告知申请人，或者告知申请人向有权更正的行政机关提出。

第三十条 依申请提供政府信息，不收取费用。但是申请人申请公开政府信息的数量、频次明显超过合理范围的，可根据国务院有关规定收取信息处理费。

第三十一条 申请公开政府信息的公民存在阅读困难或者视听障碍的，应当为其提供必要的帮助。

第三十二条 多个申请人就相同政府信息提出公开申请，且该政府信息属于可以公开的，应当将其纳入主动公开的范围。信息公开办应指导、督促制作该政府信息的部门单位调整信息公开属性。

对依申请公开的政府信息，申请人认为涉及公众利益调整、需要公众广泛知晓或者需要公众参与决策的，可以建议将该信息纳入主动公开的范围。经信息公开办审核认为属于主动公开范围的，应当及时主动公开，并指导、督促制作该政府信息的部门单位调整信息公开属性。

第五章　监督与保障

第三十三条 建立政府信息公开工作考核制度、社会评议制度和责任追究制度，定期对政府信息公开工作进行考核、评议。

第三十四条 信息公开办应当加强对政府信息公开工作的日常指导和监督检查，对未按照要求开展政府信息公开工作的部门，予以督促整改或者通报批评；需要对负有责任的部门单位负责人和直接责任人追究责任的，依法向机关纪委提出处理建议。

公民、法人或者其他组织认为国家知识产权局未按照要求主动公开政府信息或者对政府信息公开申请不依法答复处理的，可以向信息公开办提出。经查证属实的，将对负有责任的部门单位予以督促整改或者通报批评。

第三十五条 部门单位应当在每年1月5日前向信息公开办报送上一年度工作情况。国家知识产权局应当在每年1月31日前向国务院政府信息公开工作主管部门提交上一年度政府信息公开工作年度报告并向社会公布。

第三十六条 部门单位年度工作报告应当包括下列内容：

（一）局年度政务公开工作要点各项工作落实情况；

（二）主动公开政府信息情况；

（三）政府信息公开工作存在的主要问题及改进情况、工作建议等；

（四）其他需要报告的事项。

第三十七条 政府信息公开工作年度报告应当包括下列内容：

（一）主动公开政府信息的情况；

（二）收到和处理政府信息公开申请的情况；

（三）因政府信息公开工作被申请行政复议、提起行政诉讼的情况；

（四）政府信息公开工作存在的主要问题及改进情况，工作考核、社会评议和责任追究结果情况；

（五）其他需要报告的事项。

第三十八条 部门单位违反《中华人民共和国政府信息公开条例》和本办法的规定，有下列情形之一的，由信息公开办责令改正；情节严重的，对负有责任的领导人员和直接责任人员依法给予处分；构成犯罪的，依法追究刑事责任：

（一）不依法履行政府信息公开职能；

（二）不及时更新公开的政府信息内容、政府信息公开指南和政府信息公开目录；

（三）违反《中华人民共和国政府信息公开条例》规定的其他情形。

第六章　附　　则

第三十九条　本办法适用于局机关、专利局、商标局，局其他直属单位参照执行。

第四十条　本办法由国家知识产权局办公室负责解释。

第四十一条　本办法自印发之日起实施。原《国家知识产权局政府信息公开实施办法》同时废止。

实用附录

《中华人民共和国政府信息公开条例》新旧条文对照表[①]

(条文中黑体字部分是对原条文所作的修改或者补充内容，阴影表示原条文删掉的内容)

第一章　总　　则	第一章　总　　则
第一条　为了保障公民、法人和其他组织依法获取政府信息，提高政府工作的透明度，促进依法行政，充分发挥政府信息对人民群众生产、生活和经济社会活动的服务作用，制定本条例。	**第一条**　为了保障公民、法人和其他组织依法获取政府信息，提高政府工作的透明度，**建设法治政府**，充分发挥政府信息对人民群众生产、生活和经济社会活动的服务作用，制定本条例。
第二条　本条例所称政府信息，是指行政机关在履行职责过程中制作或者获取的，以一定形式记录、保存的信息。	**第二条**　本条例所称政府信息，是指行政机关在**履行行政管理职能**过程中制作或者获取的，以一定形式记录、保存的信息。
第三条　各级人民政府应当加强对政府信息公开工作的组织领导。 国务院办公厅是全国政府信息公开工作的主管部门，负责推进、指导、协调、监督全国的政府信息公开工作。 县级以上地方人民政府办公厅(室)或者县级以上地方人民政府确定的其他政府信息公开工作主管部门负责推进、指导、协调、监督本行政区域的政府信息公开工作。	**第三条**　各级人民政府应当加强对政府信息公开工作的组织领导。 国务院办公厅是全国政府信息公开工作的主管部门，负责推进、指导、协调、监督全国的政府信息公开工作。 县级以上地方人民政府办公厅(室)**是本行政区域的政府信息公开工作主管部门**，负责推进、指导、协调、监督本行政区域的政府信息公开工作。 **实行垂直领导的部门的办公厅(室)主管本系统的政府信息公开工作。**

① 本条文对照表为2008年5月1日施行的《政府信息公开条例》与2019年4月3日修订后的《政府信息公开条例》的条文对照。

第四条　各级人民政府及县级以上人民政府部门应当建立健全本行政机关的政府信息公开工作制度，并指定机构（以下统称政府信息公开工作机构）负责本行政机关政府信息公开的日常工作。 政府信息公开工作机构的具体职责是： （一）具体承办本行政机关的政府信息公开事宜； （二）维护和更新本行政机关公开的政府信息； （三）组织编制本行政机关的政府信息公开指南、政府信息公开目录和政府信息公开工作年度报告； （四）对拟公开的政府信息进行保密审查； （五）本行政机关规定的与政府信息公开有关的其他职责。	**第四条**　各级人民政府及县级以上人民政府部门应当建立健全本行政机关的政府信息公开工作制度，并指定机构（以下统称政府信息公开工作机构）负责本行政机关政府信息公开的日常工作。 政府信息公开工作机构的具体**职能**是： （一）**办理**本行政机关的政府信息公开事宜； （二）维护和更新本行政机关公开的政府信息； （三）组织编制本行政机关的政府信息公开指南、政府信息公开目录和政府信息公开工作年度报告； （四）**组织开展对拟公开政府信息的审查**； （五）本行政机关规定的与政府信息公开有关的其他职能。
第五条　行政机关公开政府信息，应当遵循公正、公平、便民的原则。	**第五条**　行政机关公开政府信息，**应当坚持以公开为常态、不公开为例外**，遵循公正、公平、**合法**、便民的原则。
第六条　行政机关应当及时、准确地公开政府信息。行政机关发现影响或者可能影响社会稳定、扰乱社会管理秩序的虚假或者不完整信息的，应当在其职责范围内发布准确的政府信息予以澄清。	**第六条**　行政机关应当及时、准确地公开政府信息。 行政机关发现影响或者可能影响社会稳定、扰乱社会**和经济**管理秩序的虚假或者不完整信息的，应当发布准确的政府信息予以澄清。
	第七条　各级人民政府应当积极推进政府信息公开工作，逐步增加政府信息公开的内容。

	第八条　各级人民政府应当加强政府信息资源的规范化、标准化、信息化管理，加强互联网政府信息公开平台建设，推进政府信息公开平台与政务服务平台融合，提高政府信息公开在线办理水平。
	第九条　公民、法人和其他组织有权对行政机关的政府信息公开工作进行监督，并提出批评和建议。
第二章　公开的范围	第二章　公开的**主体和**范围
第十七条　行政机关制作的政府信息，由制作该政府信息的行政机关负责公开；行政机关从公民、法人或者其他组织获取的政府信息，由保存该政府信息的行政机关负责公开。法律、法规对政府信息公开的权限另有规定的，从其规定。	**第十条**　行政机关制作的政府信息，由制作该政府信息的行政机关负责公开。行政机关从公民、法人和其他组织获取的政府信息，由保存该政府信息的行政机关负责公开；**行政机关获取的其他行政机关的政府信息，由制作或者最初获取该政府信息的行政机关负责公开。**法律、法规对政府信息公开的权限另有规定的，从其规定。 **行政机关设立的派出机构、内设机构依照法律、法规对外以自己名义履行行政管理职能的，可以由该派出机构、内设机构负责与所履行行政管理职能有关的政府信息公开工作。** **两个以上行政机关共同制作的政府信息，由牵头制作的行政机关负责公开。**

第七条 行政机关应当建立健全政府信息发布协调机制。行政机关发布政府信息涉及其他行政机关的，应当与有关行政机关进行沟通、确认，保证行政机关发布的政府信息准确一致。 行政机关发布政府信息依照国家有关规定需要批准的，未经批准不得发布。	**第十一条** 行政机关应当建立健全政府信息**公开**协调机制。行政机关公开政府信息涉及其他机关的，应当与有关机关**协商**、确认，保证行政机关公开的政府信息准确一致。 行政机关**公开**政府信息依照**法律、行政法规和**国家有关规定需要批准的，**经批准予以公开**。
第十九条 行政机关应当编制、公布政府信息公开指南和政府信息公开目录，并及时更新。 政府信息公开指南，应当包括政府信息的分类、编排体系、获取方式，政府信息公开工作机构的名称、办公地址、办公时间、联系电话、传真号码、电子邮箱等内容。 政府信息公开目录，应当包括政府信息的索引、名称、内容概述、生成日期等内容。	**第十二条** 行政机关编制、公布**的**政府信息公开指南和政府信息公开目录**应当**及时更新。 政府信息公开指南包括政府信息的分类、编排体系、获取方式**和**政府信息公开工作机构的名称、办公地址、办公时间、联系电话、传真号码、**互联网联系方式**等内容。 政府信息公开目录包括政府信息的索引、名称、内容概述、生成日期等内容。
第八条 行政机关公开政府信息，不得危及国家安全、公共安全、经济安全和社会稳定。 **第十四条** 行政机关应当建立健全政府信息发布保密审查机制，明确审查的程序和责任。 行政机关在公开政府信息前，应当依照《中华人民共和国保守国家秘密法》以及其他法律、法规和国家有关规定对拟公开的政府信息进行审查。 行政机关对政府信息不能确定是否可以公开时，应当依照法律、法规和国家有关规定报有关主管部门或者同级保密工作部门确定。	**第十三条 除本条例第十四条、第十五条、第十六条规定的政府信息外，政府信息应当公开。** **行政机关公开政府信息，采取主动公开和依申请公开的方式。** **第十四条 依法确定为国家秘密的政府信息，法律、行政法规禁止公开的政府信息，以及公开后可能危及国家安全、公共安全、经济安全、社会稳定的政府信息，不予公开。** **第十五条** 涉及商业秘密、个人隐私等**公开会对第三方合法权益造成损害**的政府信息，行政机关不得公开。但是，**第三方**同意公开或者行政机关认为不公开**会**对公共利益造成重大影响的，予以公开。

行政机关不得公开涉及国家秘密、商业秘密、个人隐私的政府信息。但是，经权利人同意公开或者行政机关认为不公开可能对公共利益造成重大影响的涉及商业秘密、个人隐私的政府信息，可以予以公开。	**第十六条** 行政机关的内部事务信息，包括人事管理、后勤管理、内部工作流程等方面的信息，可以不予公开。 行政机关在履行行政管理职能过程中形成的讨论记录、过程稿、磋商信函、请示报告等过程性信息以及行政执法案卷信息，可以不予公开。法律、法规、规章规定上述信息应当公开的，从其规定。 **第十七条** 行政机关应当建立健全政府信息公开审查机制，明确审查的程序和责任。 行政机关应当依照《中华人民共和国保守国家秘密法》以及其他法律、法规和国家有关规定对拟公开的政府信息进行审查。 行政机关不能确定政府信息是否可以公开的，应当依照法律、法规和国家有关规定报有关主管部门或者保密行政管理部门确定。
	第十八条 行政机关应当建立健全政府信息管理动态调整机制，对本行政机关不予公开的政府信息进行定期评估审查，对因情势变化可以公开的政府信息应当公开。
第三章 公开的方式和程序	第三章 主动公开
第九条 行政机关对符合下列基本要求之一的政府信息应当主动公开： （一）涉及公民、法人或者其他组织切身利益的； （二）需要社会公众广泛知晓或者参与的； （三）反映本行政机关机构设置、职能、办事程序等情况的； （四）其他依照法律、法规和国家有关规定应当主动公开的。	**第十九条** 对涉及公众利益调整、需要公众广泛知晓或者需要公众参与决策的政府信息，行政机关应当主动公开。

第十条 县级以上各级人民政府及其部门应当依照本条例**第九条**的规定，在各自职责范围内确定主动公开的政府信息的具体内容，并重点公开下列政府信息： （一）行政法规、规章和规范性文件； （二）国民经济和社会发展规划、专项规划、区域规划及相关政策； （三）国民经济和社会发展统计信息； （四）财政预算、决算报告； （五）行政事业性收费的项目、依据、标准； （六）政府集中采购项目的目录、标准及实施情况； （七）行政许可的事项、依据、条件、数量、程序、期限以及申请行政许可需要提交的全部材料目录及办理情况； （八）重大建设项目的批准和实施情况； （九）扶贫、教育、医疗、社会保障、促进就业等方面的政策、措施及其实施情况； （十）突发公共事件的应急预案、预警信息及应对情况； （十一）环境保护、公共卫生、安全生产、食品药品、产品质量的监督检查情况。	**第二十条 行政机关**应当依照本条例**第十九条**的规定，主动公开本行政机关的下列政府信息： （一）行政法规、规章和规范性文件； **（二）机关职能、机构设置、办公地址、办公时间、联系方式、负责人姓名；** （三）国民经济和社会发展规划、专项规划、区域规划及相关政策； （四）国民经济和社会发展统计信息； **（五）办理行政许可和其他对外管理服务事项的依据、条件、程序以及办理结果；** **（六）实施行政处罚、行政强制的依据、条件、程序以及本行政机关认为具有一定社会影响的行政处罚决定；** （七）财政预算、决算**信息**； （八）行政事业性收费项目**及其**依据、标准； （九）政府集中采购项目的目录、标准及实施情况； （十）重大建设项目的批准和实施情况； （十一）扶贫、教育、医疗、社会保障、促进就业等方面的政策、措施及其实施情况； （十二）突发公共事件的应急预案、预警信息及应对情况； （十三）环境保护、公共卫生、安全生产、食品药品、产品质量的监督检查情况； **（十四）公务员招考的职位、名额、报考条件等事项以及录用结果；** **（十五）法律、法规、规章和国家有关规定规定应当主动公开的其他政府信息。**

第十一条　设区的市级人民政府、县级人民政府及其部门重点公开的政府信息还应当包括下列内容： （一）城乡建设和管理的重大事项； （二）社会公益事业建设情况； （三）征收或者征用土地、房屋拆迁及其补偿、补助费用的发放、使用情况； （四）抢险救灾、优抚、救济、社会捐助等款物的管理、使用和分配情况。	**第二十一条　除本条例第二十条规定的政府信息外，**设区的市级、县级人民政府及其部门**还应当根据本地方的具体情况，主动**公开**涉及市政建设、公共服务、公益事业、土地征收、房屋征收、治安管理、社会救助等方面的政府信息；乡（镇）人民政府还应当根据本地方的具体情况，主动公开贯彻落实农业农村政策、农田水利工程建设运营、农村土地承包经营权流转、宅基地使用情况审核、土地征收、房屋征收、筹资筹劳、社会救助等方面的政府信息。**
	第二十二条　行政机关应当依照本条例第二十条、第二十一条的规定，确定主动公开政府信息的具体内容，并按照上级行政机关的部署，不断增加主动公开的内容。
第十五条　行政机关应当将主动公开的政府信息，通过政府公报、政府网站、新闻发布会以及报刊、广播、电视等便于公众知晓的方式公开。	**第二十三条**　行政机关应当**建立健全政府信息发布机制，**将主动公开的政府信息通过政府公报、政府网站**或者其他互联网政务媒体**、新闻发布会以及报刊、广播、电视等**途径予以**公开。
	第二十四条　各级人民政府应当加强依托政府门户网站公开政府信息的工作，利用统一的政府信息公开平台集中发布主动公开的政府信息。政府信息公开平台应当具备信息检索、查阅、下载等功能。

第十六条 各级人民政府应当在国家档案馆、公共图书馆设置政府信息查阅场所，并配备相应的设施、设备，为公民、法人或者其他组织获取政府信息提供便利。 行政机关可以根据需要设立公共查阅室、资料索取点、信息公告栏、电子信息屏等场所、设施，公开政府信息。 行政机关应当及时向国家档案馆、公共图书馆提供主动公开的政府信息。	**第二十五条** 各级人民政府应当在国家档案馆、公共图书馆、**政务服务场所**设置政府信息查阅场所，并配备相应的设施、设备，为公民、法人和其他组织获取政府信息提供便利。 行政机关可以根据需要设立公共查阅室、资料索取点、信息公告栏、电子信息屏等场所、设施，公开政府信息。 行政机关应当及时向国家档案馆、公共图书馆提供主动公开的政府信息。
第十八条 属于主动公开范围的政府信息，应当自该政府信息形成或者变更之日起 20 个工作日内予以公开。法律、法规对政府信息公开的期限另有规定的，从其规定。	**第二十六条** 属于主动公开范围的政府信息，应当自该政府信息形成或者变更之日起 20 个工作日内**及时**公开。法律、法规对政府信息公开的期限另有规定的，从其规定。
	第四章 **依申请公开**
第十三条 除本条例第九条、第十条、第十一条、第十二条规定的行政机关主动公开的政府信息外，公民、法人或者其他组织还可以根据自身生产、生活、科研等特殊需要，向国务院部门、地方各级人民政府及县级以上地方人民政府部门申请获取相关政府信息。	**第二十七条** 除行政机关主动公开的政府信息外，公民、法人或者其他组织可以向地方各级人民政府、**对外以自己名义履行行政管理职能的**县级以上人民政府部门（**含本条例第十条第二款规定的派出机构、内设机构**）申请获取相关政府信息。
	第二十八条 本条例第二十七条规定的行政机关应当建立完善政府信息公开申请渠道，为申请人依法申请获取政府信息提供便利。

第二十条 公民、法人或者其他组织依照本条例第十三条规定向行政机关申请获取政府信息的，应当采用书面形式（包括数据电文形式）；采用书面形式确有困难的，申请人可以口头提出，由受理该申请的行政机关代为填写政府信息公开申请。 政府信息公开申请应当包括下列内容： （一）申请人的姓名或者名称、联系方式； （二）申请公开的政府信息的内容描述； （三）申请公开的政府信息的形式要求。 **第二十五条第一款** 公民、法人或者其他组织向行政机关申请提供与其自身相关的税费缴纳、社会保障、医疗卫生等政府信息的，应当出示有效身份证件或者证明文件。	**第二十九条** 公民、法人或者其他组织申请获取政府信息的，应当**向行政机关的政府信息公开工作机构提出**，并采用**包括**信件、数据电文在内的书面形式；采用书面形式确有困难的，申请人可以口头提出，由受理该申请的**政府信息公开工作机构**代为填写政府信息公开申请。 政府信息公开申请应当包括下列内容： （一）申请人的姓名或者名称、**身份证明**、联系方式； （二）申请公开的政府信息的**名称、文号或者便于行政机关查询的其他特征性**描述； （三）申请公开的政府信息的形式要求，**包括获取信息的方式、途径**。
	第三十条 政府信息公开申请内容不明确的，行政机关应当给予指导和释明，并自收到申请之日起7个工作日内一次性告知申请人作出补正，说明需要补正的事项和合理的补正期限。答复期限自行政机关收到补正的申请之日起计算。申请人无正当理由逾期不补正的，视为放弃申请，行政机关不再处理该政府信息公开申请。

	第三十一条　行政机关收到政府信息公开申请的时间，按照下列规定确定： **（一）申请人当面提交政府信息公开申请的，以提交之日为收到申请之日；** **（二）申请人以邮寄方式提交政府信息公开申请的，以行政机关签收之日为收到申请之日；以平常信函等无需签收的邮寄方式提交政府信息公开申请的，政府信息公开工作机构应当于收到申请的当日与申请人确认，确认之日为收到申请之日；** **（三）申请人通过互联网渠道或者政府信息公开工作机构的传真提交政府信息公开申请的，以双方确认之日为收到申请之日。**
第二十三条　行政机关认为申请公开的政府信息涉及商业秘密、个人隐私，公开后可能损害第三方合法权益的，应当书面征求第三方的意见；第三方不同意公开的，不得公开。但是，行政机关认为不公开可能对公共利益造成重大影响的，应当予以公开，并将决定公开的政府信息内容和理由书面通知第三方。	**第三十二条**　依申请公开的政府信息公开会损害第三方合法权益的，行政机关应当书面征求第三方的意见。**第三方应当自收到征求意见书之日起15个工作日内提出意见。第三方逾期未提出意见的，由行政机关依照本条例的规定决定是否公开。**第三方不同意公开**且有合理理由的，行政机关不予公开。**行政机关认为不公开可能对公共利益造成重大影响的，**可以决定**予以公开，并将决定公开的政府信息内容和理由书面**告知**第三方。

第二十四条 行政机关收到政府信息公开申请，能够当场答复的，应当当场予以答复。 行政机关不能当场答复的，应当自收到申请之日起15个工作日内予以答复；如需延长答复期限的，应当经政府信息公开工作机构负责人同意，并告知申请人，延长答复的期限最长不得超过15个工作日。 申请公开的政府信息涉及第三方权益的，行政机关征求第三方意见所需时间不计算在本条第二款规定的期限内。	**第三十三条** 行政机关收到政府信息公开申请，能够当场答复的，应当当场予以答复。 行政机关不能当场答复的，应当自收到申请之日起 **20** 个工作日内予以答复；**需要**延长答复期限的，应当经政府信息公开工作机构负责人同意并告知申请人，延长的期限最长不得超过 **20** 个工作日。 行政机关征求第三方**和其他机关**意见所需时间不计算在**前款**规定的期限内。
	第三十四条 申请公开的政府信息由两个以上行政机关共同制作的，牵头制作的行政机关收到政府信息公开申请后可以征求相关行政机关的意见，被征求意见机关应当自收到征求意见书之日起 15 个工作日内提出意见，逾期未提出意见的视为同意公开。
	第三十五条 申请人申请公开政府信息的数量、频次明显超过合理范围，行政机关可以要求申请人说明理由。行政机关认为申请理由不合理的，告知申请人不予处理；行政机关认为申请理由合理，但是无法在本条例第三十三条规定的期限内答复申请人的，可以确定延迟答复的合理期限并告知申请人。

第二十一条 对申请公开的政府信息，行政机关根据下列情况分别作出答复： （一）属于公开范围的，应当告知申请人获取该政府信息的方式和途径； （二）属于不予公开范围的，应当告知申请人并说明理由； （三）依法不属于本行政机关公开或者该政府信息不存在的，应当告知申请人，对能够确定该政府信息的公开机关的，应当告知申请人该行政机关的名称、联系方式； （四）申请内容不明确的，应当告知申请人作出更改、补充。	**第三十六条** 对政府信息公开申请，行政机关根据下列情况分别作出答复： （一）**所申请公开信息已经主动公开的，**告知申请人获取该政府信息的方式、途径； **（二）所申请公开信息可以公开的，向申请人提供该政府信息，或者告知申请人获取该政府信息的方式、途径和时间；** **（三）行政机关依据本条例的规定决定不予公开的，告知申请人不予公开并说明理由；** （四）经检索没有所申请公开信息的，告知申请人该政府信息不存在； （五）所申请公开信息不属于本行政机关负责公开的，告知申请人并说明理由；能够确定负责公开该政府信息的行政机关的，告知申请人该行政机关的名称、联系方式； **（六）行政机关已就申请人提出的政府信息公开申请作出答复、申请人重复申请公开相同政府信息的，告知申请人不予重复处理；** **（七）所申请公开信息属于工商、不动产登记资料等信息，有关法律、行政法规对信息的获取有特别规定的，告知申请人依照有关法律、行政法规的规定办理。**
第二十二条 申请公开的政府信息中含有不应当公开的内容，但是能够作区分处理的，行政机关应当向申请人提供可以公开的信息内容。	**第三十七条** 申请公开的信息中含有不应当公开**或者不属于政府信息**的内容，但是能够作区分处理的，行政机关应当向申请人提供可以公开的政府信息内容，**并对不予公开的内容说明理由。**

	第三十八条 行政机关向申请人提供的信息，应当是已制作或者获取的政府信息。除依照本条例第三十七条的规定能够作区分处理的外，需要行政机关对现有政府信息进行加工、分析的，行政机关可以不予提供。
	第三十九条 申请人以政府信息公开申请的形式进行信访、投诉、举报等活动，行政机关应当告知申请人不作为政府信息公开申请处理并可以告知通过相应渠道提出。 申请人提出的申请内容为要求行政机关提供政府公报、报刊、书籍等公开出版物的，行政机关可以告知获取的途径。
第二十六条 行政机关依申请公开政府信息，应当按照申请人要求的形式予以提供；无法按照申请人要求的形式提供的，可以通过安排申请人查阅相关资料、提供复制件或者其他适当形式提供。	**第四十条** 行政机关依申请公开政府信息，应当根据申请人的要求及行政机关保存政府信息的实际情况，确定提供政府信息的具体形式；按照申请人要求的形式提供政府信息，可能危及政府信息载体安全或者公开成本过高的，可以通过电子数据以及其他适当形式提供，或者安排申请人查阅、抄录相关政府信息。
第二十五条第二款 公民、法人或者其他组织有证据证明行政机关提供的与其自身相关的政府信息记录不准确的，有权要求该行政机关予以更正。该行政机关无权更正的，应当转送有权更正的行政机关处理，并告知申请人。	**第四十一条** 公民、法人或者其他组织有证据证明行政机关提供的与其自身相关的政府信息记录不准确的，可以要求行政机关更正。有权更正的行政机关审核属实的，应当予以更正并告知申请人；不属于本行政机关职能范围的，行政机关可以转送有权更正的行政机关处理并告知申请人，或者告知申请人向有权更正的行政机关提出。

第二十七条 行政机关依申请提供政府信息，除可以收取检索、复制、邮寄等成本费用外，不得收取其他费用。行政机关不得通过其他组织、个人以有偿服务方式提供政府信息。 行政机关收取检索、复制、邮寄等成本费用的标准由国务院价格主管部门会同国务院财政部门制定。	**第四十二条** 行政机关依申请提供政府信息，不收取费用。**但是，申请人申请公开政府信息的数量、频次明显超过合理范围的，行政机关可以收取信息处理费。** **行政机关收取信息处理费的具体办法**由国务院价格主管部门会同国务院财政部门、**全国政府信息公开工作主管部门**制定。
	第四十三条 申请公开政府信息的公民存在阅读困难或者视听障碍的，行政机关应当为其提供必要的帮助。
	第四十四条 多个申请人就相同政府信息向同一行政机关提出公开申请，且该政府信息属于可以公开的，行政机关可以纳入主动公开的范围。 **对行政机关依申请公开的政府信息，申请人认为涉及公众利益调整、需要公众广泛知晓或者需要公众参与决策的，可以建议行政机关将该信息纳入主动公开的范围。行政机关经审核认为属于主动公开范围的，应当及时主动公开。**
	第四十五条 行政机关应当建立健全政府信息公开申请登记、审核、办理、答复、归档的工作制度，加强工作规范。
第四章 监督和保障	第五章 监督和保障
第二十九条 各级人民政府应当建立健全政府信息公开工作考核制度、社会评议制度和责任追究制度，定期对政府信息公开工作进行考核、评议。	**第四十六条** 各级人民政府应当建立健全政府信息公开工作考核制度、社会评议制度和责任追究制度，定期对政府信息公开工作进行考核、评议。

第三十条 政府信息公开工作主管部门和监察机关负责对行政机关政府信息公开的实施情况进行监督检查。	**第四十七条** 政府信息公开工作主管部门应当加强对政府信息公开工作的日常指导和监督检查，对行政机关未按照要求开展政府信息公开工作的，予以督促整改或者通报批评；需要对负有责任的领导人员和直接责任人员追究责任的，依法向有权机关提出处理建议。 公民、法人或者其他组织认为行政机关未按照要求主动公开政府信息或者对政府信息公开申请不依法答复处理的，可以向政府信息公开工作主管部门提出。政府信息公开工作主管部门查证属实的，应当予以督促整改或者通报批评。
	第四十八条 政府信息公开工作主管部门应当对行政机关的政府信息公开工作人员定期进行培训。
第三十一条 各级行政机关应当在每年3月31日前公布本行政机关的政府信息公开工作年度报告。	**第四十九条** 县级以上人民政府部门应当在每年1月31日前向本级政府信息公开工作主管部门提交本行政机关上一年度政府信息公开工作年度报告并向社会公布。 县级以上地方人民政府的政府信息公开工作主管部门应当在每年3月31日前向社会公布本级政府上一年度政府信息公开工作年度报告。

第三十二条 政府信息公开工作年度报告应当包括下列内容： （一）行政机关主动公开政府信息的情况； （二）行政机关依申请公开政府信息和不予公开政府信息的情况； （三）政府信息公开的收费及减免情况； （四）因政府信息公开申请行政复议、提起行政诉讼的情况； （五）政府信息公开工作存在的主要问题及改进情况； （六）其他需要报告的事项。	**第五十条** 政府信息公开工作年度报告应当包括下列内容： （一）行政机关主动公开政府信息的情况； **（二）行政机关收到和处理政府信息公开申请的情况；** （三）因政府信息公开**工作被**申请行政复议、提起行政诉讼的情况； （四）政府信息公开工作存在的主要问题及改进情况，**各级人民政府的政府信息公开工作年度报告还应当包括工作考核、社会评议和责任追究结果情况；** （五）其他需要报告的事项。 **全国政府信息公开工作主管部门应当公布政府信息公开工作年度报告统一格式，并适时更新。**
第三十三条 公民、法人或者其他组织认为行政机关不依法履行政府信息公开义务的，可以向上级行政机关、监察机关或者政府信息公开工作主管部门举报。收到举报的机关应当予以调查处理。 公民、法人或者其他组织认为行政机关在政府信息公开工作中的具体行政行为侵犯其合法权益的，可以依法申请行政复议或者提起行政诉讼。	**第五十一条** 公民、法人或者其他组织认为行政机关在政府信息公开工作中侵犯其合法权益的，可以向上一级行政机关或者政府信息公开工作主管部门**投诉、**举报，也可以依法申请行政复议或者提起行政诉讼。

第三十四条 行政机关违反本条例的规定，未建立健全政府信息发布保密审查机制的，由监察机关、上一级行政机关责令改正；情节严重的，对行政机关主要负责人依法给予处分。	**第五十二条** 行政机关违反本条例的规定，未建立健全政府信息公开**有关制度、机制的，**由上一级行政机关责令改正；情节严重的，对**负有责任的领导人员**和直接责任人员依法给予处分。
第三十五条 行政机关违反本条例的规定，有下列情形之一的，由监察机关、上一级行政机关责令改正；情节严重的，对行政机关直接负责的主管人员和其他直接责任人员依法给予处分；构成犯罪的，依法追究刑事责任： （一）不依法履行政府信息公开义务的； （二）不及时更新公开的政府信息内容、政府信息公开指南和政府信息公开目录的； （三）违反规定收取费用的； （四）通过其他组织、个人以有偿服务方式提供政府信息的； （五）公开不应当公开的政府信息的； （六）违反本条例规定的其他行为。	**第五十三条** 行政机关违反本条例的规定，有下列情形之一的，由上一级行政机关责令改正；情节严重的，对负有责任的**领导人员**和直接责任人员依法给予处分；构成犯罪的，依法追究刑事责任： （一）不依法履行政府信息公开**职能；** （二）不及时更新公开的政府信息内容、政府信息公开指南和政府信息公开目录； （三）违反本条例规定的其他情形。
第五章 附　　则	**第六章** 附　　则
第三十六条 法律、法规授权的具有管理公共事务职能的组织公开政府信息的活动，适用本条例。	**第五十四条** 法律、法规授权的具有管理公共事务职能的组织公开政府信息的活动，适用本条例。

第三十七条 教育、医疗卫生、计划生育、供水、供电、供气、供热、环保、公共交通等与人民群众利益密切相关的公共企事业单位在提供社会公共服务过程中制作、获取的信息的公开，参照本条例执行，具体办法由国务院有关主管部门或者机构制定。	**第五十五条** 教育、**卫生健康**、供水、供电、供气、供热、**环境保护**、公共交通等与人民群众利益密切相关的公共企事业单位，公开在提供社会公共服务过程中制作、获取的信息，**依照相关法律、法规和国务院有关主管部门或者机构的规定执行。全国政府信息公开工作主管部门根据实际需要可以制定专门的规定。** **前款规定的公共企事业单位未依照相关法律、法规和国务院有关主管部门或者机构的规定公开在提供社会公共服务过程中制作、获取的信息，公民、法人或者其他组织可以向有关主管部门或者机构申诉，接受申诉的部门或者机构应当及时调查处理并将处理结果告知申诉人。**
第三十八条 本条例自2008年5月1日起施行。	**第五十六条** 本条例自**2019**年**5**月**15**日起施行。

政府信息公开申请处理流程

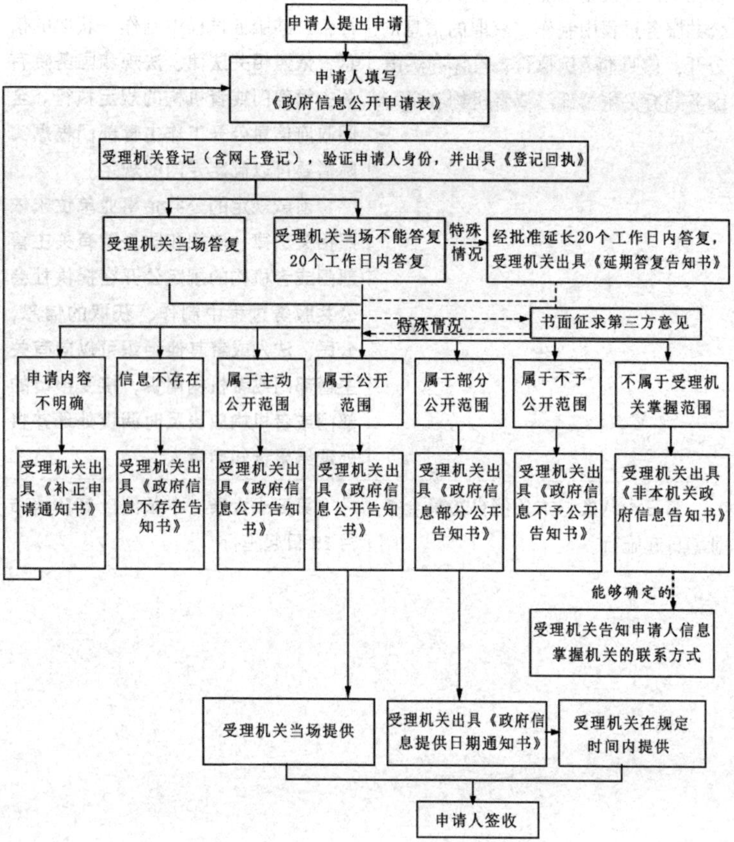

政府信息更正处理流程

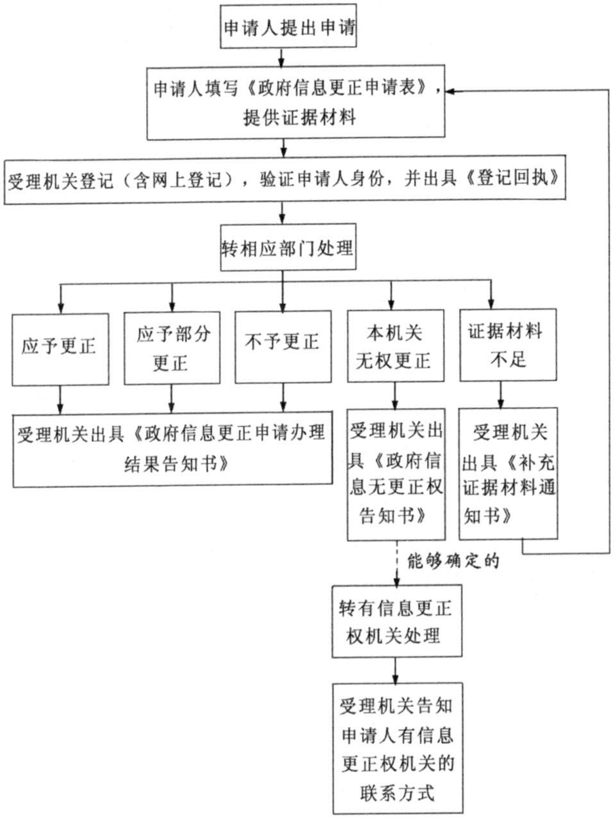
申请人提出申请
申请人填写《政府信息更正申请表》，提供证据材料
受理机关登记（含网上登记），验证申请人身份，并出具《登记回执》
转相应部门处理
应予更正
应予部分更正
不予更正
本机关无权更正
证据材料不足
受理机关出具《政府信息更正申请办理结果告知书》
受理机关出具《政府信息无更正权告知书》
受理机关出具《补充证据材料通知书》
能够确定的
转有信息更正权机关处理
受理机关告知申请人有信息更正权机关的联系方式

图书在版编目（CIP）数据

中华人民共和国政府信息公开条例：实用版/中国法制出版社编．—2版．—北京：中国法制出版社，2019.6（2025.11重印）

ISBN 978-7-5216-0295-1

Ⅰ.①中… Ⅱ.①中… Ⅲ.①国家行政机关-信息管理-条例-中国 Ⅳ.①D922.1

中国版本图书馆CIP数据核字（2019）第112371号

责任编辑：李槟红　　封面设计：杨泽江

中华人民共和国政府信息公开条例（实用版）

ZHONGHUA RENMIN GONGHEGUO ZHENGFU XINXI GONGKAI TIAOLI（SHIYONGBAN）

经销/新华书店

印刷/三河市紫恒印装有限公司

开本/850毫米×1168毫米　32开　　印张/5.75　字数/135千

版次/2019年6月第2版　　2025年11月第4次印刷

中国法制出版社出版

书号 ISBN 978-7-5216-0295-1　　定价：18.00元

北京市西城区西便门西里甲16号西便门办公区

邮政编码：100053　　传真：010-63141600

网址：http：//www.zgfzs.com　　编辑部电话：010-63141671

市场营销部电话：010-63141612　　总编室电话：010-63141606